Insectes
i aranyes

EDICIÓ ORIGINAL
Edició: Sheena Coupe
Direcció creativa: Sue Burk
Desenvolupament del concepte: John Bull, The Book Design Company
Coordinació editorial: Mike Crowton
Edició del projecte: Lachlan McLaine
Disseny: Terry Squadrito, Burk Design
Il·lustradors: Peter Bull Art Studio, Leonello Calvetti, *.tina Draempaehl, Christer Eriksson, Steve Hobbs, MBA Studios, Jurgen Ziewe (The Art Agency)

EDICIÓ CATALANA
Direcció editorial: Jordi Induráin Pons
Edició: Àngels Casanovas Freixas
Traducció: Patrícia Ortiz Cuevas, amb la col·laboració de Marc Alba Romà
Correcció: Anna Valls Montagut
Maquetació i preimpressió: Ormograf
Adaptació de coberta: Ormograf

© 2008 Weldon Owen Pty Ltd
© 2009 LAROUSSE EDITORIAL, S.L.
Mallorca 45, 3a planta - 08029 Barcelona
Tel.: 93 241 35 05   Fax: 93 241 35 07
larousse@larousse.es - www.larousse.es

ISBN: 978-84-8016-862-5
Imprès a la Xina

Reservats tots els drets. El contingut d'aquesta obra està protegit per la Llei, que estableix penes de presó i/o multes, a més de les indemnitzacions corresponents per danys i perjudicis, per a aquells que plagiessin, reproduïssin, distribuïssin o comuniquessin públicament, en tot o en part i en qualsevol tipus de suport o a través de qualsevol mitjà, una obra literària, artística o científica sense la preceptiva autorització.

in*siders*

Insectes
i aranyes

Noel Tait

LAROUSSE

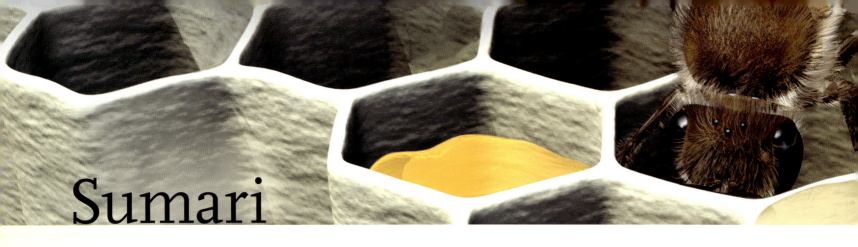

Sumari

introducció

Insectes

Què és un insecte? 8

Els sentits dels insectes 10

Amunt i avall 12

Alimentació 14

Reproducció i cicle vital 16

Metamorfosi 18

Els insectes i l'aigua 20

Supervivència 22

Insectes comunitaris 24

Els insectes i nosaltres 26

Aranyes

Què és una aranya? 28

Les reines de la xarxa 30

Petites assassines: les caçadores 32

La defensa de les aranyes 34

La vida de les aranyes 36

en *detall*

Insectes increïbles

La papallona monarca 40

Un hoste no desitjat: la mosca
   domèstica 42

Constructors de torres:
   els tèrmits 44

La vida dóna voltes: l'escarabat piloter 46

La vespa falcó 48

Plagues voladores: les llagostes 50

Aranyes espectaculars

L'aranya de trapa 52

Un swing impecable: l'aranya magnífica australiana 54

L'aranya aquàtica 56

La saltimbanqui de vuit potes:
   l'aranya saltadora 58

Famílies d'insectes i d'aranyes 60

Glossari 62

Índex 64

in*troducció*

8 ▶ Introducció *Insectes*

Què és un insecte?

Els insectes són les criatures que millor se'n surten de tota la Terra. Hi ha més tipus d'insectes que d'espècies animals i vegetals juntes. Podem trobar insectes gairebé a tot arreu –des de les zones polars fins al tròpic, als boscos, als prats, a les selves i als deserts– i en totes les situacions: caminant, excavant forats a terra, volant per l'aire... Els insectes pertanyen a un grup d'animals anomenats *artròpodes*, entre els quals també hi ha les aranyes, els escorpins, els crancs i els milpeus. Els artròpodes no tenen un esquelet intern que els aguanti el cos, sinó que disposen d'una closca exterior molt dura anomenada *erosquelet*. El cos dels insectes es divideix en tres parts principals: el cap, el tòrax i l'abdomen. Tots els insectes adults tenen tres parells de potes i la majoria també té ales.

Un insecte típic

D'insectes n'hi ha de totes les mides i formes, però tots tenen unes característiques internes i externes comunes. Aquesta il·lustració mostra una vespa europea (*Vespula germanica*). Més avall podem observar l'anatomia interna de la vespa, amb els principals òrgans diferenciats per colors.

Antenes Aquests òrgans sensorials permeten que els insectes toquin, hi sentin, ensumin i tastin.

El cap A part dels principals òrgans sensorials, al cap també hi ha el cervell i els elements que formen la boca.

Ocels Aquests ulls tan simples poden detectar la intensitat i la direcció de la llum.

Ulls compostos Els insectes adults tenen ulls compostos, que consten de molts ulls individuals que formen un mosaic atapeït. Aquests ulls van molt bé per detectar el moviment i proporcionen un camp de visió molt ampli.

Tòrax Les potes i les ales estan unides al tòrax, que conté els músculs i els nervis encarregats de fer els moviments necessaris per caminar i volar.

Guanyen en nombre

Tot i que els insectes són petits, si els poséssim tots junts en una balança pesarien més que tots els altres animals terrestres del planeta.

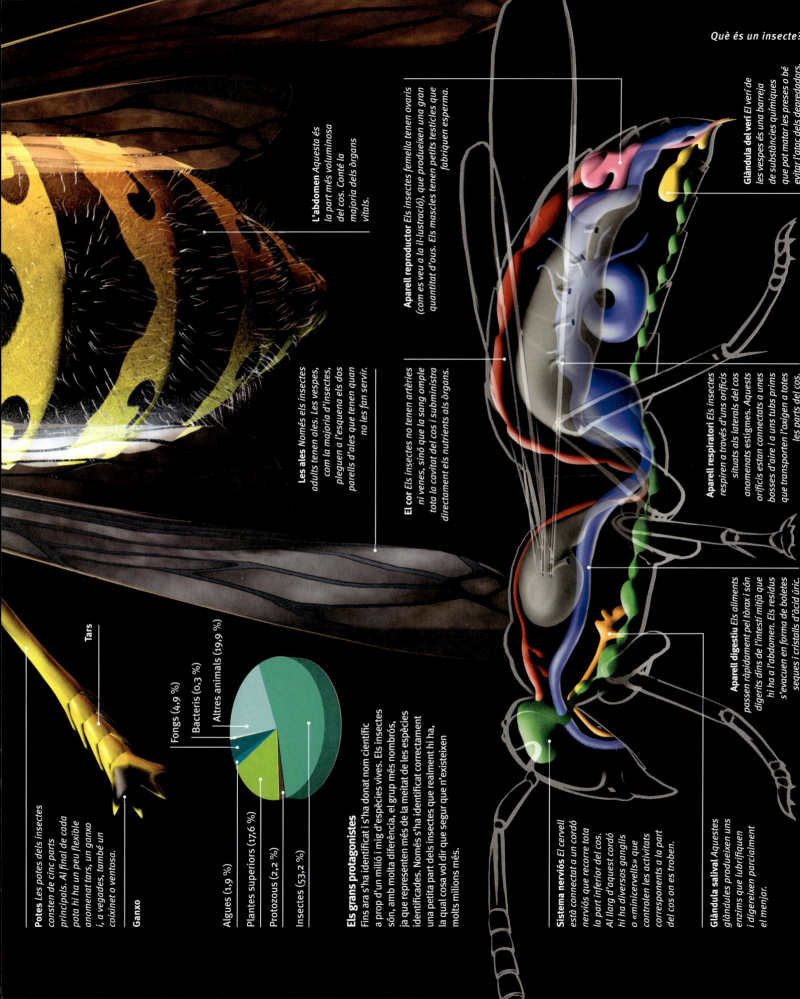

Els sentits
dels insectes

Els insectes són criatures actives que han de ser capaces de detectar els canvis que es produeixen al seu voltant i de respondre-hi ràpidament. Com nosaltres, els insectes tenen cinc sentits principals: la vista, l'oïda, l'olfacte, el tacte i el gust. Disposen d'ulls grossos i prominents que els permeten detectar formes, colors i, sobretot, moviments. El cos dels insectes està recobert de pèls que els serveixen per sentir-hi, tocar, ensumar i tastar. Els pèls de les antenes, la boca i les potes són especialment sensibles. Per a molts insectes l'olfacte és determinant a l'hora de trobar menjar: tant els atrau l'aroma del nèctar de plantes aromàtiques com l'olor fètida dels excrements o de la carn podrida. La capacitat de produir o de detectar sorolls i olors és essencial perquè els insectes es puguin comunicar entre si, sobretot quan arriba l'hora d'aparellar-se.

L'ull per dins *Els ulls compostos estan formats per un gran mosaic d'ulls individuals. Cada ull té una lent a la superfície que disposa d'una segona lent cònica a l'interior. Les lents fan que la llum es canalitzi cap a una cèl·lula receptora connectada amb el nervi òptic, que arriba fins al cervell. Amb la informació que hi arriba, el cervell crea una imatge composta del món que envolta l'insecte.*

Cap a la llum
Als paons de nit els atrau la llum —els llums dels porxos, els fars dels cotxes, i fins i tot la flama mortal d'una espelma o d'una foguera. Ningú no sap ben bé per què. El més probable és que les arnes s'orientin per la lluna i altres fonts lumíniques naturals. La llum artificial les desconcerta i fa que comencin a voletejar en espiral cap al lloc d'on prové la llum.

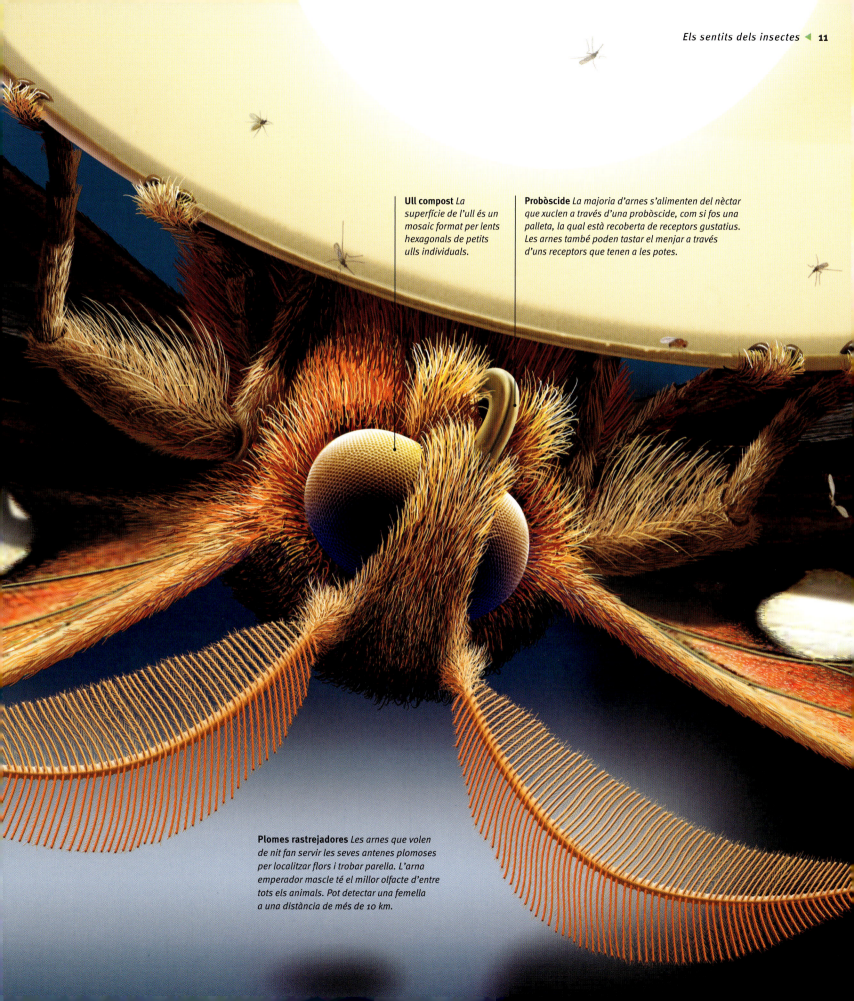

Ull compost *La superfície de l'ull és un mosaic format per lents hexagonals de petits ulls individuals.*

Probòscide *La majoria d'arnes s'alimenten del nèctar que xuclen a través d'una probòscide, com si fos una palleta, la qual està recoberta de receptors gustatius. Les arnes també poden tastar el menjar a través d'uns receptors que tenen a les potes.*

Plomes rastrejadores *Les arnes que volen de nit fan servir les seves antenes plomoses per localitzar flors i trobar parella. L'arna emperador mascle té el millor olfacte d'entre tots els animals. Pot detectar una femella a una distància de més de 10 km.*

Amunt i avall

Els insectes són dels animals amb més mobilitat que hi ha. Algunes espècies estan especialment dotades per caminar o córrer: les sis potes articulades que tenen els permeten moure's molt de pressa mantenint l'estabilitat en tot moment. Com que pesen tan poc, tenen molta més habilitat que nosaltres per arrencar a córrer, aturar-se o canviar de direcció tot d'un plegat. La majoria d'insectes, però, prefereixen volar. Volar és un mitjà molt eficaç per allunyar-se del perill, trobar parella o buscar menjar. Les libèl·lules, per exemple, volen tan ràpid que poden caçar altres insectes al vol. La majoria d'insectes tenen dos parells d'ales, que normalment són unes làmines primes i transparents reforçades amb unes estructures rígides anomenades *venes*. Alguns insectes, com ara els peixets de plata, les puces i els polls no tenen ales. Els insectes només poden volar quan són adults; quan són larves n'hi ha que neden a l'aigua i n'hi ha que serpentegen, com les larves de les mosques. En canvi, a les larves de les formigues i les abelles no els cal moure's perquè els porten el menjar a domicili. Les erugues poden tenir fins a setze potes.

INSECTES EN MARXA

Encara que les potes de la majoria d'insectes estan dissenyades per caminar i córrer, algunes s'han adaptat per poder fer altres moviments.

Cuc llaurador *El cuc llaurador té unes potes davanteres molt fortes en forma de pala que l'ajuden a excavar galeries sota terra.*

Escarabat d'aigua *Les potes del darrere de l'escarabat d'aigua són planes i estan recobertes d'un borrissol resistent. Aquestes potes fan la funció de rems i permeten que l'escarabat bussegi als estanys.*

Apamadora *Aquesta mena d'erugues es mouen com si amidessin el terreny a pams: primer mouen l'abdomen cap a la banda del cap formant un bony i després tiren el cap endavant.*

Puça *Les potes del darrere de les puces contenen un material elàstic que emmagatzema l'energia com si fos una molla. Quan es deixa anar, la puça surt disparada cap a dalt i cap endavant.*

❸ Transport aeri *La marieta bat les ales i abandona l'estabilitat de la planta. Les ales tenen una forma especial que les ajuda a propulsar-se en l'aire.*

Ziga-zaga

Quan un insecte camina o corre sempre mou tres potes a la vegada, com si se subjectés sobre trípodes alterns. La primera i la tercera pota d'un costat es mouen al mateix temps que la segona de l'altre costat. El resultat final és una forma de caminar que segueix una lleugera ziga-zaga.

L'enlairament de la marieta

Les marietes disposen d'un parell d'ales dures que formen una coberta protectora de les ales més delicades que hi ha sota i que fan servir per volar. A molts depredadors els costa penetrar aquesta armadura.

1 A terra Les marietes passen la major part del temps caminant sobre les branques, les fulles i les flors, on s'alimenten d'altres insectes petits. Les ales per volar queden protegides sota una mena d'estoig dur format per les ales externes o èlitres.

2 Tot a punt per a l'enlairament Per emprendre el vol, la marieta es posa dreta, obre l'estoig de les ales externes i desplega les ales per volar. Tot està a punt per iniciar l'enlairament.

La capacitat de volar

En la majoria d'insectes voladors, els músculs associats al vol se subjecten a la paret interior del tòrax. Les contraccions de dalt a baix fan que el tòrax s'aplani i que les ales s'alcin. Les contraccions del davant al darrere fan que el tòrax s'infli i que les ales baixin. Hi ha insectes, com les papallones, que només baten les ales uns quants cops per segon, mentre que alguns tipus de mosquit ho fan a un ritme vertiginós: poden batre les ales a una velocitat de 1 000 cops per segon!

Els músculs verticals es contrauen.

Els músculs horitzontals es contrauen.

Alimentació

La majoria d'insectes són força primmirats a l'hora de menjar, però si observem totes les espècies d'insectes en conjunt, veurem que uns i altres segueixen unes dietes molt variades i que hi ha poques coses vives o mortes que no consumeixin. Més de la meitat dels insectes que hi ha al món mengen plantes. Poden devorar qualsevol part d'una espècie vegetal: des de les fulles fins a les arrels. Alguns insectes excaven túnels dins dels teixits de les plantes, la qual cosa els proporciona menjar i protecció alhora. Els insectes carnívors s'alimenten d'animals petits, principalment d'altres insectes. Els insectes que xuclen la sang dels animals o la saba de les plantes tenen una probòscide punxeguda que els permet travessar la pell o l'escorça i arribar als fluids nutritius que hi ha a l'interior. Molts insectes es caracteritzen per menjar matèria vegetal en descomposició o animals morts. Normalment els insectes mengen tot el que necessiten quan són larves i, un cop arriben a l'edat adulta, es concentren en la reproducció.

Beneint la taula abans de dinar
El pregadéu és una carnívor voraç; és com el lleó del món dels insectes. Quan descansa col·loca les potes del davant com si estigués resant. Però quan una presa s'apropa massa, aquestes potes es transformen a l'instant en unes urpes letals que l'atrapen d'un cop sec. Els pregadéus femella també són famosos perquè es cruspeixen el mascle durant la còpula o bé després.

TRAMPA DISSIMULADA

Les formigues lleó són les larves d'uns insectes anomenats *crisopes*. Allà on hi ha sorra fina hi excaven una trampa en forma d'embut i s'esperen sota la superfície. Les formigues que ensopeguen i cauen al forat no en poden sortir i queden atrapades per les mandíbules gegants de les crisopes. Les formigues que s'acosten massa a la vora del forat reben l'impacte de la sorra que els llança la crisopa i també cauen a les seves urpes.

Esfinx El ràpid moviment de les ales de l'esfinx li permet mantenir-se immòbil a l'aire com un colibrí. Fa servir la llarga probòscide per xuclar el nèctar més profund de les flors.

Eruga Totes les papallones i arnes són erugues en la fase larval. S'alimenten de plantes. Tenen unes mandíbules fortes que trituren i masteguen els teixits durs de les plantes.

Paneroles Les paneroles no són gaire llepafils; això sí, no els agrada el menjar «viu». Moltes espècies de paneroles han envaït les nostres cases, on s'alimenten de les restes de menjar.

Xinxa Aquests insectes s'amaguen a les esquerdes durant el dia i surten de nit per xuclar la sang dels éssers humans i d'altres animals de sang calenta. Normalment s'alimenten abans de l'alba. Per sort, no se sap que transmetin cap malaltia.

Reproducció i cicle vital

Tots els insectes comencen la seva vida en forma d'ou. Quan en surten, els insectes joves passen per diverses fases abans de fer-se adults. Aquest procés s'anomena *metamorfosi*. En funció de l'espècie, els insectes passen per tres o quatre fases des que són ous fins que arriben a l'edat adulta. Encara que la vida dels insectes adults és força curta, tenen molta mobilitat i poden aparellar-se ràpidament. Els insectes fan servir tots els sentits per trobar individus de l'altre sexe. Per atreure'n l'atenció, poden deixar anar un perfum, cantar una cançó d'amor o exhibir-se de manera ben visible. Després d'aparellar-se, les femelles solen marxar cap a altres hàbitats per pondre els ous.

Serenates d'estiu
La cigala mascle és l'insecte més sorollós del món. Canta per atreure la femella. Aconsegueix aquest soroll tan característic fent vibrar unes membranes anomenades *timbals*. Els sacs d'aire de l'abdomen s'encarreguen d'amplificar el soroll.

Timbal · Múscul

LLUITA DE MASCLES

La majoria d'insectes mascles, com molts altres animals, competeixen entre si pel dret a aparellar-se amb una femella. Els escanyapolls mascles lluiten amb les seves enormes mandíbules en forma de banya d'una manera molt semblant de com ho fan els cérvols. Gairebé mai no es fan mal; normalment el que perd se'n va corrents.

Els ous dels insectes

Els insectes solen tenir molta cura de pondre els ous en llocs on les condicions siguin òptimes perquè les larves sobrevisquin. A part de la closca mateix, molts ous disposen d'altres capes que els protegeixen de l'entorn i dels depredadors.

Barqueta de mosquits
Els mosquits ponen els ous d'un en un i després els ajunten tots perquè formin com unes barquetes que suren.

Funda d'ous de la panerola
Aquesta mena de funda dura pot arribar a contenir fins a 50 ous de paneroles.

Ous de crisopa a les tiges
Les crisopes col·loquen els ous damunt de tiges llargues i fines perquè quedin lluny de l'abast dels depredadors més petits.

Ou d'abella
La reina de la colònia pon un ou en cada cel·la de la bresca.

Ous d'escarabat
Els escarabats acostumen a pondre els ous sobre les fulles, que després serviran per alimentar les larves.

El naixement d'un adult

Les cigales passen la major part de la vida —entre quatre i disset anys, segons l'espècie— a terra en forma de larves. Tret de la falta d'ales, les larves (anomenades *nimfes*) són molt semblants als exemplars adults. La transformació de nimfa a adult no comporta un canvi corporal total. Aquest fet s'anomena *metamorfosi incompleta*. Aproximadament el 12% de les espècies d'insectes es desenvolupen d'aquesta manera.

1 Ou *Les cigales femella adultes ponen grups d'ous als solcs que excaven a les branquetes dels arbres.*

4 Adult *La nimfa s'enfila pel tronc d'un arbre i muda per darrera vegada. L'adult es desfà de la carcassa, desplega les ales a poc a poc i ja està a punt per viure el poc temps que li queda a l'aire lliure.*

2 Nimfa *Tan bon punt surt de l'ou, la nimfa cau a terra i s'enterra ràpidament.*

3 Vida subterrània *La nimfa fa foradets a les arrels amb els apèndixs punxeguts de la boca per alimentar-se de saba. Després de passar anys sota terra, finalment surt a l'exterior.*

Metamorfosi

Molts insectes joves no s'assemblen gens ni mica als adults que esdevindran. Per a aquests insectes, el canvi no només consisteix en el fet que els creixin les ales quan arriben a l'edat adulta. Les larves perden la majoria de les parts del cos que tenien i desenvolupen òrgans nous. És com si en un mateix cos hi convisquessin dos animals. Aquest canvi tan radical i sorprenent s'anomena *metamorfosi completa*. La transformació de larva a adult es produeix en una fase anomenada *pupa*. Al contrari de les larves, les pupes no mengen i moltes tampoc no es mouen. Algunes formen carcasses dures per protegir-se mentre canvien i d'altres construeixen capolls de seda o de terra o, simplement, busquen un lloc segur per amagar-se.

5 **Lliure per volar** *Quan ha desplegat les ales i ha deixat que s'assequin, la papallona ja està preparada per emprendre el vol i aparellar-se.*

CRISÀLIDES

La metamorfosi és una etapa molt vulnerable de la vida d'un insecte. L'eruga es transforma en papallona dins d'un embolcall protector anomenat *crisàlide*. Hi ha crisàlides de colors molt vius i d'altres que es camuflen.

Fulla de l'Índia
Kallima paralekta

Sofre sense taques
Phoebis sennae

Estel de paper
Idea leuconoe

1 **Ou** *Normalment els ous es ponen molt a prop o al damunt mateix del menjar preferit de l'eruga.*

2 **Eruga** *En l'etapa larval, l'ou es trenca i la nova eruga comença a menjar immediatament.*

3 **Pupa** *Després de créixer i mudar unes quantes vegades, l'eruga s'agafa a una planta i es converteix en crisàlide.*

El moment del canvi
Els insectes que canvien completament quan maduren tenen un cicle vital de quatre etapes. Cada etapa té una durada diferent, que també varia en funció de l'espècie.

Escanyapolls
El desenvolupament de l'escanyapolls és relativament lent.

Marieta
La marieta passa més de la meitat de la seva vida com a adulta.

Tricòpter
El tricòpter passa la major part de la seva curta vida en forma de larva.

Ou Larva Pupa Adult   0   1   Anys   2   3   4

④ Eclosió *Passades unes setmanes, la crisàlide s'obre i la papallona surt a poc a poc.*

Canvi radical
El cicle de vida de la papallona morfo blava té quatre etapes: ou, larva, pupa i adulta. La transformació d'una eruga larval en una papallona és una de les meravelles de la natura.

Els insectes i l'aigua

Molts insectes passen tota la vida o bona part dins l'aigua. Hi ha espècies que toleren l'aigua salada, però la majoria d'insectes aquàtics necessiten aigua dolça. Alguns insectes només viuen a l'aigua mentre són larves. Els insectes aquàtics tenen uns dispositius naturals que els permeten nedar i respirar sota l'aigua. Aquests dispositius s'assemblen molt als aparells que els éssers humans hem inventat per poder moure'ns sota l'aigua, com ara les aletes, els tubs respiradors i les bombones d'oxigen que fan servir els submarinistes. Tal com fem nosaltres, la majoria d'insectes aquàtics han de pujar a la superfície de tant en tant per agafar aire. N'hi ha, però, que han desenvolupat brànquies que els permeten romandre sota l'aigua de forma permanent.

Un món humit

Els insectes aquàtics viuen als llacs, els estanys, els rius i els rierols. Alguns viuen a la superfície de l'aigua, mentre que d'altres hi neden per sota. Molts viuen al fang del fons, protegits sota les pedres o entre les plantes aquàtiques. Encara que sembli mentida, hi ha cinc espècies conegudes de sabaters que passen tota la vida sobre la superfície del mar.

Aparellament
Una libèl·lula mascle (a dalt) i una de femella es troben per aparellar-se. El mascle fecunda els ous de la femella subjectant-la amb força per darrere del cap.

Els insectes i l'aigua 21

Escarabat d'aigua Els escarabats d'aigua tenen unes potes del davant molt fortes que els serveixen per caçar. Quan busseigen guarden una bombolla d'aire sota les ales per poder respirar mentre són sota l'aigua.

Larves de mosquit Les larves de mosquit neden movent el cos cap endarrere i endavant. De tant en tant pugen a la superfície per agafar aire a través d'un tub respirador situat a l'extrem posterior del cos.

Escrivà Els escrivans passen tot el dia nedant per la superfície dels estanys a la recerca de preses. El seu cos té forma de canoa i les potes fan la funció de rems.

Ous de libèl·lula Els ous de libèl·lula estan recoberts d'una mena de gelatina que fa que quedin enganxats a les plantes aquàtiques i que res ni ningú no se'ls endugui.

Larves de tricòpter Les larves de tricòpter es protegeixen amb un embolcall fet de trossets de plantes i de granets de sorra amalgamats amb seda.

Pupes de mosquit Quan les pupes de mosquit pugen a la superfície ho fan amb el cap per davant, ja que en aquesta etapa del desenvolupament tenen el tub respirador en aquesta part del cos. Reben el nom d'equilibristes per la manera tan curiosa que tenen de nedar.

Larves de libèl·lula Aquests depredadors feroços vigilen les seves preses dissimuladament. Quan les tenen ben a prop, disparen amb força la mandíbula inferior, equipada amb uns ganxos que atrapen la presa.

Supervivència

D'insectes n'hi ha tants i són tan nutritius que no ens ha de sorprendre que hi hagi moltíssimes criatures disposades a cruspir-se'ls. Per protegir-se i evitar els depredadors, els insectes han perfeccionat una gran varietat d'estratègies. Com que les teranyines estan dissenyades per capturar els insectes voladors, les papallones i les arnes han desenvolupat unes ales que desprenen una mena d'escames que s'enganxen a la tela i que els permeten escapar-se'n. Alguns insectes fan servir el camuflatge o el mimetisme per protegir-se, mentre que d'altres són verinosos o tenen un gust repugnant. Normalment, aquesta mena d'insectes tenen uns colors molt vius que serveixen d'avís perquè ningú no se'ls mengi. Hi ha insectes més expeditius que mosseguen amb unes mandíbules fortes, fan picades molt doloroses o llancen àcid per intimidar els agressors. Alguns insectes gairebé no tenen defenses (per exemple, l'efímera), però normalment són espècies molt abundants la supervivència de les quals no corre perill encara que altres criatures les devorin en grans quantitats.

Supervivència ◀ 23

Fora d'aquí!

Quan l'escarabat bombarder se sent amenaçat prepara una barreja de substàncies químiques en una cambra situada a la punta de l'abdomen. El resultat és una reacció química explosiva i una ruixada letal de fluids i gasos tòxics a alta temperatura. L'escarabat té un abdomen molt flexible i pot enfocar la ruixada amb molt bona punteria.

Glàndula *Aquest parell de glàndules fabriquen una toxina molt potent i peròxid d'hidrogen, que són la base de la barreja explosiva.*

Dipòsit *Les substàncies químiques queden emmagatzemades en dos dipòsits, a punt per a quan calgui utilitzar-les.*

Múscul *Aquests músculs controlen les vàlvules que van dels dipòsits a la cambra d'explosió.*

Glàndules *Aquestes fabriquen uns enzims que alliberen l'oxigen del peròxid d'hidrogen que hi ha a l'interior de la cambra d'explosió.*

Cambra explosiva *Les parets rígides d'aquesta cambra fan que les substàncies químiques i el gas calent surtin cap a fora amb una forta explosió.*

CAMUFLATGE I MIMETISME

Un dels millors mètodes de defensa consisteix a passar desapercebut, i és per això que alguns insectes tenen una capacitat sorprenent per camuflar-se. D'altres es mimetitzen, que vol dir que adquireixen l'aparença d'una cosa que un depredador mai no es menjaria.

Arna d'ulls de falcó
Si malgrat el color poc vistós d'aquesta arna camuflada algun depredador la detecta, obre ràpidament les ales per mostrar un parell d'ulls amenaçadors que faran fugir els possibles atacants.

Saltamartí amb aparença de fulla
El color i la forma de la coberta d'ales d'aquest saltamartí li donen l'aspecte d'una fulla seca.

Insecte bastó
El cos i les potes primes i llargues d'aquest insecte, juntament amb el seu posat d'estàtua, fan que sembli un bastonet o una branqueta.

Xinxa de l'escorça
Gràcies al seu cos pla i al color i la textura que té, quan una xinxa de l'escorça se situa sobre el tronc d'un arbre és gairebé impossible de veure-la.

Pregadéu de les orquídies *Aquest pregadéu es disfressa d'orquídia per evitar els possibles depredadors. També enganya els insectes que se li apropen per recol·lectar nèctar.*

Insectes comunitaris

La majoria d'insectes prefereixen viure sols i només s'ajunten amb d'altres per aparellar-se, però n'hi ha alguns que porten una vida molt diferent. Els insectes comunitaris s'agrupen per formar unes societats increïblement complexes anomenades *colònies*. Dins de les colònies d'insectes hi ha diferents castes. Cada casta té encomanades unes funcions especials que repercuteixen en benefici de tota la colònia. Les castes poden estar formades per mascles i femelles que fan de reproductors fèrtils, soldats que defensen la colònia i obrers que duen a terme la resta d'activitats. Tots els membres d'una colònia estan relacionats entre si i cap individu pot viure pel seu compte ni unir-se a una altra colònia. Els insectes comunitaris han de tenir unes habilitats de comunicació excel·lents per garantir que tot funcioni correctament. Totes les espècies de formigues i de tèrmits, i la majoria d'abelles i vespes, són insectes socials.

Retorn al cau *Les obreres encarregades de la recol·lecció tornen al rusc amb l'estómac carregat de nèctar i el pol·len adherit a les potes del darrere.*

Ou *La reina col·loca un únic ou en cada cel·la.*

NIUS

Els insectes comunitaris necessiten un lloc on viure plegats. Moltes espècies construeixen els seus propis nius, mentre que d'altres els excaven a terra o a la fusta. Les formigues guerreres no viuen sempre al mateix lloc. Poden construir un niu temporal amuntegant-se les unes amb les altres.

Vesper *Els nius de les vespes i de les vespes xanes estan fets de fang i de matèria vegetal aixafada. Tot plegat té l'aparença d'un embolcall de paper.*

Formiguers *Els nius que construeixen algunes formigues formen protuberàncies ben visibles.*

Dansa de les abelles

Les abelles exploradores que retornen al rusc expliquen a les obreres on hi ha menjar mitjançant una complicada dansa en forma de vuit. La dansa indica la direcció del menjar en relació amb la posició del Sol, mentre que la intensitat del moviment de l'abdomen de l'abella n'indica la distància.

Sol — Recorregut de la dansa — Direcció cap a on cal anar — Font d'aliment

Abella reina *La reina fabrica uns 2 500 ous al dia i viu entre tres i quatre anys.*

Cuidant els menuts *Les obreres encarregades dels més petits agafen el nèctar de les exploradores i el digereixen parcialment per fer mel i alimentar les larves que estan creixent.*

L'activitat al rusc

Cada rusc té només una reina, que fabrica els ous a partir dels quals neixen tots els altres membres de la colònia. La majoria seran obreres que només viuran unes dues setmanes. Les primeres feines que fan dins el rusc són de tipus domèstic: alimenten les larves i modelen la cera per formar les cel·les que componen el rusc. Després surten del rusc a la recerca de menjar.

Abellot *Els abellots són abelles mascle. La seva feina principal consisteix a fecundar la nova reina d'una colònia, i després d'això moren. Sempre que en calen de nous, es desenvolupen nous abellots a partir d'ous no fecundats.*

Larva *Una larva esdevé reina si és alimentada només a base de gelea reial, una substància que les obreres segreguen per una glàndula que tenen al cap. Perquè esdevinguin obreres, les larves són alimentades amb gelea reial, mel i pol·len.*

Pupa *La larva es transforma en pupa abans d'esdevenir una abella adulta.*

Mel *A més d'alimentar les larves, el nèctar de la mel que ha estat tractat per les obreres que tenen cura dels menuts també es guarda com a menjar per a les abelles adultes durant l'hivern.*

Cel·la taponada *Quan la larva es transforma en pupa la cel·la se segella amb cera.*

Els insectes i nosaltres

Quan les persones pensen en els insectes, el primer que els ve al cap són els problemes que comporten, i, de fet, si que poden fer la vida més difícil. Els insectes competeixen amb nosaltres pel menjar i s'aprofiten dels nostres cultius i dels aliments que guardem. Poden fer malbé la nostra roba i fins i tot les nostres cases. Alguns insectes són paràsits i altres transmeten malalties que provoquen un patiment espantós i fins i tot la mort. Les fiblades de les vespes i les abelles i les picades de formiga fan mal i, si en rebem moltes, poden causar reaccions al·lèrgiques mortals. Tot i així, els insectes també aporten grans avantatges: són la dieta de molts altres animals i un enllaç fonamental en la xarxa tròfica. Alguns pol·linitzen plantes o enriqueixen el sòl quan fan caure-hi matèria orgànica. Els insectes depredadors són un bon control contra les plagues. Alguns insectes són fins i tot una menja deliciosa.

L'amenaça del mosquit

La probòscide d'un mosquit consta d'un conjunt de tubs d'alimentació units i prou forts per travessar la pell. Quan la probòscide penetra, la beina protectora es replega perquè els tubs puguin arribar fins a la sang. En alguns llocs del món, els mosquits transmeten malalties greus d'una persona a una altra i una picada pot acabar sent mortal.

COSES BONES DELS INSECTES

Les abelles i els cucs de seda són els únics insectes que hem aconseguit domesticar. El teixit de seda es fabrica a partir dels capolls de les pupes dels cucs de seda, mentre que les abelles ens proporcionen mel i cera. Les abelles i altres insectes que recullen nèctar també pol·linitzen les plantes en flor perquè després donaran els fruits de la nostra dieta.

Quimono de seda

Espelmes de cera

Larva comestible

Pol·linització

Mel

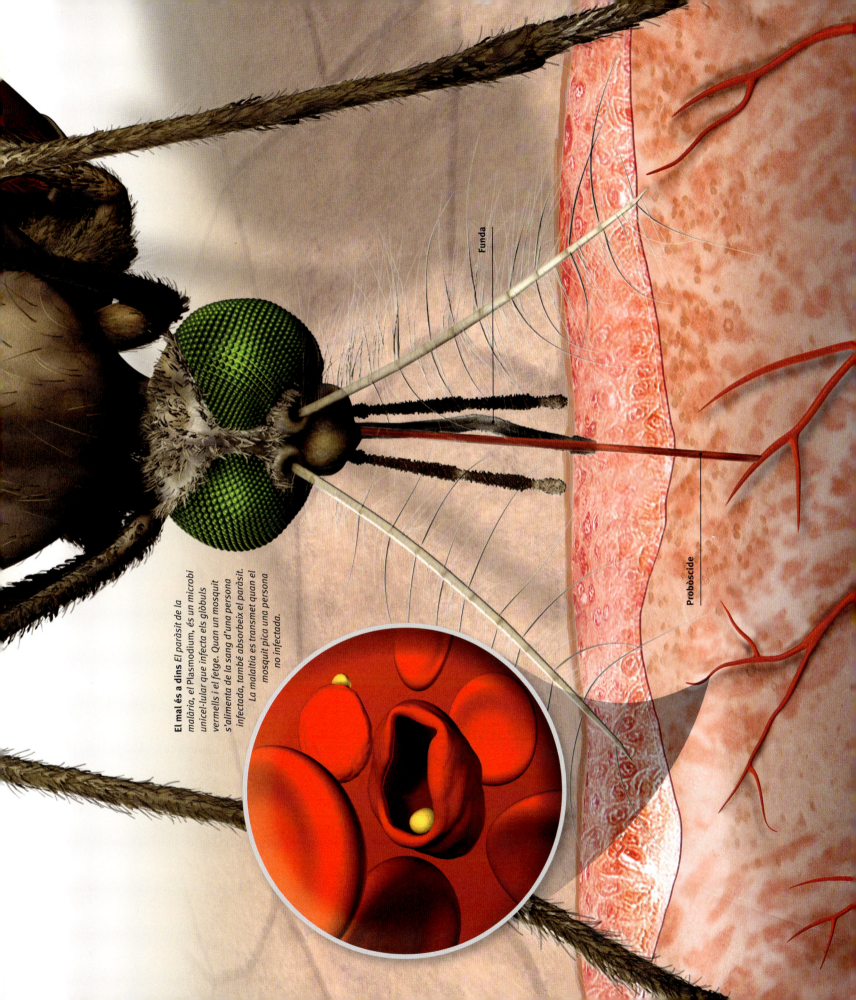

El mal és a dins El paràsit de la malària, el Plasmodium, és un microbi unicel·lular que infecta els glòbuls vermells i el fetge. Quan un mosquit s'alimenta de la sang d'una persona infectada, també absorbeix el paràsit. La malaltia es transmet quan el mosquit pica una persona no infectada.

Funda

Probòscide

Què és una aranya?

Les aranyes es poden trobar en qualsevol lloc del planeta, tret dels oceans i les regions polars. Viuen tant a la superfície com al subsòl, als cims de les muntanyes i fins i tot sota l'aigua. Com els insectes, les aranyes són artròpodes. Pertanyen a un grup anomenat *aràcnids*, que també inclouen els escorpins, els segadors, els àcars i les paparres. Els aràcnids tenen el cos dividit en dues parts: el cefalotòrax —una unió de cap i tòrax— i l'abdomen. Es poden distingir fàcilment dels insectes perquè tenen quatre parells de potes i no tenen antenes. A diferència d'altres aràcnids, les aranyes tenen una cintura prima entre el cefalotòrax i l'abdomen, i quelícers verinosos. Totes les aranyes són carnívores i s'alimenten sobretot d'insectes, que cacen o atrapen en les seves teranyines de seda enganxoses.

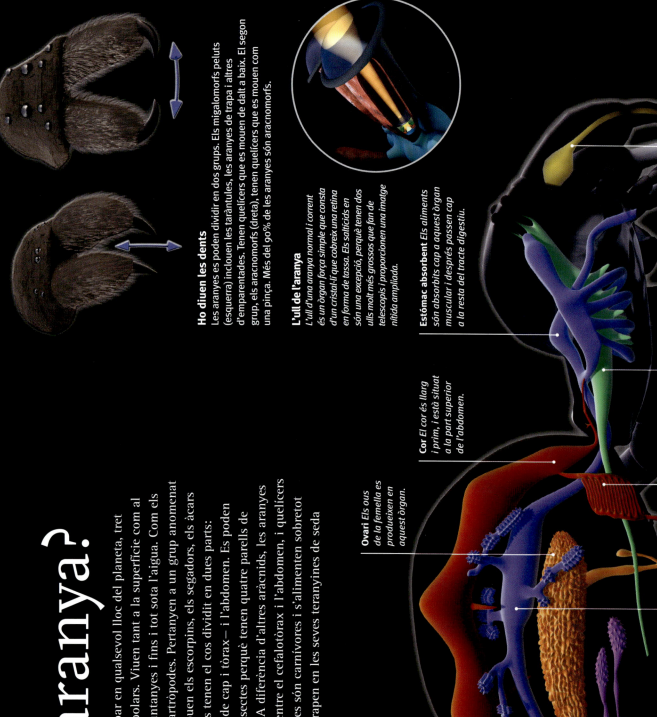

Ho diuen les dents
Les aranyes es poden dividir en dos grups. Els migalomorfs peluts (esquerra) inclouen les taràntules, les aranyes de trapa i altres d'emparentades. Tenen quelícers que es mouen de dalt a baix. El segon grup, els aracnomorfs (dreta), tenen quelícers que es mouen com una pinça. Més del 90% de les aranyes són aracnomorfs.

L'ull de l'aranya
L'ull d'una aranya normal i corrent és un òrgan força simple que consta d'un cristal·lí que cobreix una retina en forma de tassa. Els saltícids en són una excepció, perquè tenen dos ulls molt més grossos que fan de telescopis i proporcionen una imatge nítida ampliada.

Glàndula verinosa Les dues glàndules salivals s'han adaptat per produir un verí paralitzant.

Cervell La part superior està connectada als ulls, i la part inferior, amb la resta del cos.

Fil·lotràquea Quan l'aranya respira, l'oxigen entra per aquest òrgan.

Estómac absorbent Els aliments són absorbits cap a aquest òrgan muscular i després passen cap a la resta del tracte digestiu.

Cor El cor és llarg i prim, i està situat a la part superior de l'abdomen.

Intestí mitjà L'aliment s'assimila a l'intestí mitjà, des d'on passa a la sang.

Ovari Els ous de la femella es produeixen en aquest òrgan.

Glàndula sericígena Aquesta glàndula produeix seda líquida que es bombeja cap a les fileres.

Fileres La seda surt de les cànules que es troben a les fileres.

Què és una aranya? ◀ **29**

Dins i fora

D'aranyes n'hi ha de moltes mides, però totes tenen la mateixa forma bàsica. La major part dels òrgans interns es concentren a l'abdomen. A diferència dels insectes, les aranyes tenen glàndules sericígenes i respiren per les fil·lotràquees i no pels estigmes. L'aranya femella de la imatge, una aranya ratolí (*Missulena occatoria*), habita a Austràlia.

Pinces Les aranyes les utilitzen per agafar-se en superfícies rugoses. Les aranyes teixidores tenen unes pinces especialment adaptades per agafar-se a la seda.

Cefalotòrax Aquesta part del cos està protegida per dalt per una làmina dura anomenada cuirassa. Les estructures d'alimentació al voltant de la boca es troben davant de tot i les potes surten dels costats com si fossin radis.

Abdomen L'abdomen està cobert d'una pell suau però resistent, com el cuir. Conté la majoria dels òrgans i es pot expandir en les femelles quan els ovaris s'omplen d'ous.

Pedipalps Les aranyes utilitzen aquests apèndixs en forma de potes per tocar i tastar. Durant l'acoblament, els mascles transfereixen l'esperma a través dels pedipalps.

Quelícers Les aranyes utilitzen les pinces per atacar i defensar-se, i de vegades per excavar caus. Cada pinça acaba en un forat per on s'injecta el verí.

Ulls La majoria d'aranyes tenen vuit ulls simples. Estan disposats de moltes maneres diferents, en funció de l'espècie. Tot i tenir tants ulls, la majoria d'aranyes no hi veuen gaire bé.

Potes Cada pota té set segments que aporten una gran flexibilitat a l'hora de moure's. Són molt sensibles a les vibracions.

Reines de la xarxa

La seda és una de les substàncies més sorprenents de la naturalesa i fa una funció important en la vida de les aranyes. La seda no serveix tan sols per fer teranyines, sinó que també s'utilitza per embolcallar les preses, protegir els ous, construir un refugi i fins i tot es pot fer servir com a fil de seguretat. Aquesta substància versàtil es produeix líquida dins de les glàndules sericígenes de l'aranya, que desemboquen fins a un, dos o tres parells de fileres al final de l'abdomen. Quan la seda líquida s'extreu amb les dues potes posteriors, es formen fibres molt fines però molt resistents. La seda d'aranya és gairebé tan resistent com un cable d'acer de la mateixa amplada. Algunes sedes són elàstiques i es poden estirar fins a tres vegades la seva llargada abans de trencar-se. Les aranyes poden produir fins a vuit tipus de seda, cadascun per a una finalitat diferent.

Fileres *La punta de cada filera està coberta de petites cànules anomenades* canilles. *La seda surt enfora per les canilles i forma les fibres fines, que es combinen ràpidament en un sol fil. Les fileres es poden moure per teixir diferents tipus de seda.*

Pesca amb mosca

Hi ha una família d'aranyes teixidores que construeixen les conegudes teranyines en forma d'espiral que trobem als jardins, els camps i els boscos d'arreu del món. La majoria d'espècies construeixen les seves teranyines durant la nit i s'amaguen durant el dia. D'altres són actives tant de dia com de nit. Construir una teranyina no és una feina fàcil. Quan l'ha acabat, l'aranya conserva energia i espera pacientment que un insecte quedi enganxat a la seva trampa.

Enganxada! *Aquesta mosca s'ha quedat enredada en els fils espirals i enganxosos de la teranyina. Lluita per escapar-se'n, però les vibracions que emet es transmeten pels fils radials fins a l'aranya, que s'espera al centre. En un instant, l'aranya es llança contra la presa per injectar-li el verí i embolicar-la amb seda. Ja se la menjarà més tard.*

Com es construeix una teranyina circular

1 En cada extrem s'hi subjecta un fil horitzontal fort. A continuació s'hi afegeixen dos radis per formar el centre.

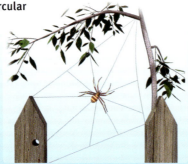

2 S'afegeix un marc estabilitzador al voltant de la circumferència, subjectat per diversos punts. A continuació s'hi afegeixen més radis.

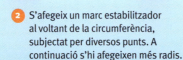

3 Des del centre cap enfora, es comença a estendre l'espiral auxiliar no enganxosa per connectar els radis.

4 Utilitzant l'espiral auxiliar com a guia, s'estén l'espiral enganxosa per atrapar les preses alhora que es destrueix l'espiral auxiliar.

TIPUS DE XARXES

La teranyina circular és el tipus de tela d'aranya més familiar, però n'hi ha molts més.

Teranyina d'hamaca Aquesta teranyina atrapa els insectes en un laberint de fils verticals. Els insectes acaben caient sobre una plataforma, on l'aranya els agafa ràpidament.

Teranyina triangular Aquesta aranya forma un pont entre la teranyina i un fil accessori. Quan la presa toca la tela, l'aranya la deixa caure per embolicar-la.

Teranyina de penjolls Aquesta teranyina té fils verticals enganxosos subjectats al terra per atrapar els insectes que passen per sota.

Paquet d'aliment Quan una aranya teixidora caça una mosca, li injecta saliva i l'embolica amb seda. L'aranya no se la pot menjar fins que la saliva hagi dissolt els òrgans interns de la mosca i hagin format una «sopa» líquida que pot absorbir.

Pota Les aranyes teixidores tenen una pinça mitjana que utilitzen per caminar sobre els fils radials de la teranyina, que no són enganxosos. Aquesta pinça s'enganxa al llarg del fil i el trava contra una filera de pèls en forma de barba que surten de la part inferior de la pinça.

Petites assassines: les caçadores

No totes les aranyes atrapen la seva presa amb teranyines. Moltes espècies surten a buscar el seu àpat. Algunes d'aquestes aranyes caçadores aprofiten la foscor de la nit, mentre que d'altres cacen durant el dia. D'altres paren emboscades: es confonen amb el seu entorn i esperen pacientment que la presa s'acosti massa. Tot i que les aranyes caçadores hi veuen millor que les teixidores, la majoria depèn sobretot dels sensors de vibració i el tacte per detectar la presa. Les aranyes són rapidíssimes. Agafen la presa amb les potes del davant, l'apropen cap als quelícers oberts i la sotmeten i la maten amb el verí que li injecten. Tot passa en una fracció de segon. Moltes aranyes caçadores tenen flocs de pèls als extrems de les potes que les fan caminar amb pas ferm. N'hi ha que fins i tot poden caminar per les finestres i els sostres amb facilitat.

A pescar
Una aranya raiera s'espera a la vora d'un estany amb les potes del davant tocant l'aigua. Quan detecta les ones que vénen de la larva d'un insecte, un capgròs o un peix petit, corre per la superfície de l'estany per atrapar la seva presa.

ULLS D'ESPIA

Les aranyes caçadores tenen vuit ulls simples col·locats al voltant de la cuirassa. Els ulls simples serveixen per detectar el moviment en totes direccions. La disposició i la mida dels ulls ajuden a indicar com aconsegueix el seu aliment una aranya caçadora.

Caçadores *Aquestes àgils caçadores tenen una visió completa i es poden moure ràpidament en qualsevol direcció per atrapar la presa.*

Aranyes cara d'ogre *Aquestes caçadores nocturnes tenen dos ulls molt grossos que són cent vegades més sensibles a la llum que els nostres.*

Aranyes cranc *Aquestes caçadores paren emboscades i tenen una visió bona de prop per atrapar la presa quan s'apropa.*

Trampes florals
Les aranyes cranc es camuflen entre les flors. Quan un insecte hi arriba per agafar nèctar, l'aranya l'ataca de sobte. Com un camaleó, una aranya cranc pot adoptar el color del seu entorn.

Les urpes del bosc
Les migales viuen a les selves tropicals de la part septentrional de l'Amèrica del Sud. Es passen la major part del temps als caus, però surten per aguaitar i llançar-se sobre insectes, petits vertebrats com ara granotes, llangardaixos i ratolins i, de tant en tant, un ocell. Són les aranyes més grans del món.

La defensa
de les aranyes

Les aranyes —depredadors agressius i verinosos— són al mateix temps la presa de molts animals, entre els quals insectes, granotes, llangardaixos, ocells i mamífers. Però els principals depredadors de les aranyes són altres aranyes. Les aranyes solen ser animals reservats que es queden quiets i amagats en esquerdes i caus, sota l'escorça dels arbres o dins de fulles ondulades. Surten molt poc i només per caçar o aparellar-se, sovint enmig de la foscor. Algunes aranyes viuen a l'aire lliure, protegides per la barrera formada per la seva teranyina. D'altres tenen punxes afilades i colors d'alerta brillants. N'hi ha que passen inadvertides gràcies al camuflatge. Les aranyes àgils es defensen fugint molt de pressa per posar-se fora de perill. En molts casos, les estratègies que permeten a les aranyes evitar els depredadors també les ajuden a atrapar una presa desprevinguda.

EL CAMUFLATGE DE LES ARANYES

Moltes aranyes són expertes en camuflatge i és molt difícil detectar-les en el seu entorn natural. D'altres estan a la vista, però la seva aparença imita alguna cosa que té molt mal gust o que fins i tot és perillosa per als seus depredadors.

Aranyes que imiten vespes Les llargues fileres de l'abdomen d'aquesta aranya s'assemblen a les antenes del cap d'una vespa, i el cap s'assembla a l'abdomen d'una vespa.

Aranya cranc Quan està amenaçada, aquesta aranya es deixa caure ràpidament a terra, on es queda quieta per no ser vista fins que el perill ha passat.

Aranyes del gènere *Celaenia* Moltes aranyes imiten els excrements d'ocells. Una olor desagradable completa la il·lusió.

Aranyes del gènere *Dolophones* El color, la textura i la postura d'aquesta aranya fan gairebé impossible de distingir-la d'un nus en un tronc d'arbre vell.

Fugida ràpida
Tot i que molts animals es converteixen en una pilota que gira en resposta a una situació de perill, aquesta aranya de les dunes (*Carparachne aureoflava*) adopta la forma de la més gran de totes les invencions humanes: la roda. Per fugir d'una vespa pompílida, es posa de costat i literalment baixa rodant una empinada duna de sorra.

Fils de seguretat
Quan se senten amenaçades, moltes aranyes es fan fonedisses deixant-se caure d'un fil de seda resistent. Les potes del darrere van deixant anar fil per regular la velocitat del descens.

La vida
de les aranyes

Les aranyes femella ponen els ous al cap de poques setmanes de la còpula. Algunes espècies només ponen uns quants ous cada vegada, però d'altres en poden arribar a pondre més de mil. Totes les aranyes emboliquen els ous en un capoll de seda protector anomenat *sac de seda*. A diferència dels insectes, les aranyes que surten dels ous són versions en miniatura de les adultes. A mesura que van creixent, van mudant d'exosquelet. Les aranyes no passen per una metamorfosi per arribar a ser un exemplar madur. Els mascles es fan adults abans que les femelles, i per això solen ser més petits. A part de les seves dimensions, els mascles es poden identificar fàcilment perquè les puntes dels seus pedipalps són més grans, com si fossin guants de boxa. Però no els fan servir per fer combats, sinó per transferir l'esperma a la femella durant la còpula.

Amunt, amunt i ben lluny
Una de les primeres coses que han de fer les aranyes joves és allunyar-se de les seves germanes per tal de no competir pel menjar o menjar-se entre si. Algunes espècies, quan ho fan, sembla que vagin en globus. Les aranyes joves es posen de cara al vent i treuen un fil de seda; la brisa, per lleugera que sigui, se les endú. D'aquesta manera poden enlairar-se molt amunt i desplaçar-se centenars de quilòmetres.

AMOR DE MARE

La majoria d'aranyes, quan crien, es limiten a embolicar-les en un sac de seda protector. Amb tot, algunes mostren un comportament maternal, des de defensar els sacs de seda fins a tenir cura de les aranyes que acaben de sortir de l'ou.

A collibè *Una femella d'aranya llop s'emporta a tot arreu el sac de seda. Quan les aranyes surten de l'ou, la femella obre el sac amb els quelícers i les cries pugen per les seves potes i s'agafen fort dels pèls del seu abdomen.*

La mare alimenta *Tot i que és estrany que les aranyes alimentin les seves cries, n'hi ha que porten preses o regurgiten aliment líquid per a les cries. Aquesta aranya de vellut alimenta les seves cries amb el seu cos mort: l'últim sacrifici matern.*

La parada nupcial de les aranyes

Com que les aranyes són depredadors, les més petites han d'anar en compte quan s'apropen a una possible parella. Els mascles han desenvolupat uns rituals nupcials molt refinats per aconseguir que les femelles no se'ls cruspeixin per equivocació.

Regal per a la núvia
L'aranya mascle del gènere Pisaurina festeja la femella amb un insecte, que embolica amb seda com si fos un regal. Si la femella està receptiva, el mascle copula amb la femella mentre aquesta consumeix l'àpat nupcial.

Bones vibracions
La teranyina d'una aranya teixidora és un lloc perillós per a qualsevol criatura petita que s'hi apropi. El mascle diminut toca un fil fent un senyal especial que atrau la femella perquè s'hi atansi.

LLAGOSTES: DADES

HÀBITAT: Zones càlides i seques
DIETA: Vegetals, sobretot herbes
MIDA: De 10 mm a 100 mm de llargada
ESPÈCIE IL·LUSTRADA: *Schistocerca gregaria* (Àfrica, Orient Mitjà i Àsia)

Dades principals Amb un cop d'ull s'obté la informació essencial sobre cada insecte o aranya.

Mapa de localització Aquest mapa del món mostra on es troba l'insecte o l'aranya en qüestió. Busca el color taronja en cada mapa.

Comparació de dimensions Es mostra la mida de l'insecte o l'aranya en comparació amb una mà humana.

INSECTES

ARANYES

Barra d'espècie Aquesta barra mostra la categoria a la qual pertany l'espècimen.

en *detall*

La papallona monarca

PAPALLONA MONARCA: DADES
HÀBITAT: **Boscos i matollars**
DIETA: **Asclepiadàcies (eruga); nèctar (adult)**
MIDA: **10 cm d'envergadura**
NOM CIENTÍFIC: *Danaus plexippus*

La migració és un dels fenòmens més impressionants de la naturalesa. El nombre d'individus implicats i les distàncies que recorren poden ser enormes. Per als animals que viuen en regions amb canvis estacionals extrems, hi ha dues maneres de sobreviure: afrontar les dures condicions climàtiques a casa o emigrar cap a llocs on el clima sigui més benigne. En molts casos, la migració també dóna a les cries més possibilitats de sobreviure. Tot i que molts peixos, ocells i mamífers fan llargues migracions, el viatge de la papallona monarca, de fins a 3 500 km, és encara més heroic, tenint en compte la mida i la fragilitat d'aquest insecte. Aquest viatge és un gran misteri: les papallones que tornen cap al sud a la tardor solen ser les rebesnétes de les papallones que se'n van anar a la primavera, però d'alguna manera són capaces de trobar el camí de tornada fins al mateix bosc.

Una mirada de prop
El dibuix intricat d'una papallona monarca només es pot veure a través d'un microscopi.

Cara divertida Les papallones monarca tenen uns ulls compostos molt grossos que les ajuden a trobar flors per alimentar-se i asclepiadàcies per pondre els ous. Quan està desenroscada, la probòscide és com una palleta que serveix per xuclar el nèctar.

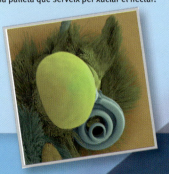

Ales d'escames Les ales de les papallones i les arnes estan cobertes d'escames superposades. Els dibuixos de colors són fets amb els pigments que hi ha dins de les escames i la refracció de la llum quan rebota contra les fines protuberàncies de la superfície de les escames.

La zona occidental Les papallones monarca que viuen a l'oest de les muntanyes Rocalloses passen l'hivern al llarg de la costa de Califòrnia.

La papallona monarca ◀ **41**

CICLE DE VIDA DE LA MONARCA

Un ou de monarca triga un mes a transformar-se en una papallona. Les erugues que surten de l'ou tenen aquelles característiques ratlles de color groc, negre i blanc. Creixen ràpidament i es converteixen en pupes al cap d'unes dues setmanes. Els colors característics de les ales es poden veure a través del capoll just abans que surti la papallona adulta.

1. Ous sobre una fulla d'asclepiadàcia.
2. Eruga alimentant-se.
3. La fase de pupa.
4. Adult sortint del capoll.

Poderosa migració

La vida adulta de la majoria de papallones monarca sol ser curta, de dues a sis setmanes als llocs comuns d'alimentació d'estiu, els quals, al nord, arriben fins al Canadà. Però les que neixen a finals d'estiu són diferents. Aquestes papallones fan un viatge èpic cap al sud, on descansen durant l'hivern a les muntanyes que hi ha a prop de Ciutat de Mèxic. A la primavera següent s'aparellen i emprenen el viatge de retorn cap al nord, abans de pondre els ous i acabar morint aproximadament quan tenen vuit mesos.

Asclepiadàcies Les papallones monarca ponen els ous sobre asclepiadàcies perquè és l'únic aliment que les erugues monarca poden menjar. Les asclepiadàcies contenen una toxina que fa que la papallona adulta sigui verinosa si és ingerida.

CANADÀ

MÈXIC

Llegenda

- Hàbitats d'hivern de l'est
- Hàbitats d'estiu de l'est
- Hàbitats d'hivern de l'oest
- Hàbitats d'estiu de l'oest
- Generació 1
- Generació 2
- Generació 3
- Generació 4

MOSCA DOMÈSTICA: DADES

HÀBITAT: Associat amb els humans
DIETA: Plantes mortes i marcides i matèria animal, fems
MIDA: 8 mm de llargada
NOM CIENTÍFIC: *Musca domestica*

Un hoste no desitjat: la mosca domèstica

Les mosques domèstiques són un dels insectes que veiem més sovint. Originàries de l'Àsia central, les mosques domèstiques s'han estès, juntament amb els humans, per tot el món. Es troben a tot arreu on hi ha persones, sobretot a les cases i al voltant de les granges. Les femelles ponen fins a mil ous durant tota la seva vida, d'unes dues o tres setmanes. Dels ous surten unes larves en forma de cucs que s'alimenten i creixen. Aquestes larves s'acaben enterrant per formar pupes, de les quals sortiran les mosques adultes. Aquest pas d'ou a exemplar adult pot trigar menys de tres setmanes; per això a l'estiu hi ha tantes mosques. Algunes larves i pupes sobreviuen a l'hivern en indrets protegits i passen a ser adults tan aviat com arriba un clima més càlid al principi de l'estiu.

Mort a ruixades
Els insecticides per a les llars són un gran negoci. La majoria de marques d'esprais contenen piretrina, un insecticida natural que s'extreu de les flors del crisantem. La piretrina danya la funció normal del sistema nerviós d'un insecte. És eficaç en dosis que no fan mal a ocells ni mamífers.

Adherència *Per agafar-se a superfícies rugoses, les mosques domèstiques utilitzen un parell d'ungles a les puntes de les potes. Entre les ungles hi ha uns coixins enganxosos que els permeten caminar sobre superfícies llises com el vidre o bé de cap per avall.*

Vista des de dalt *Les mosques domèstiques pertanyen a un grup d'insectes anomenat dípters. La majoria d'insectes voladors tenen dos parells d'ales, però els dípters només en tenen un. Les ales són petites estructures que ajuden la mosca a mantenir l'equilibri quan vola.*

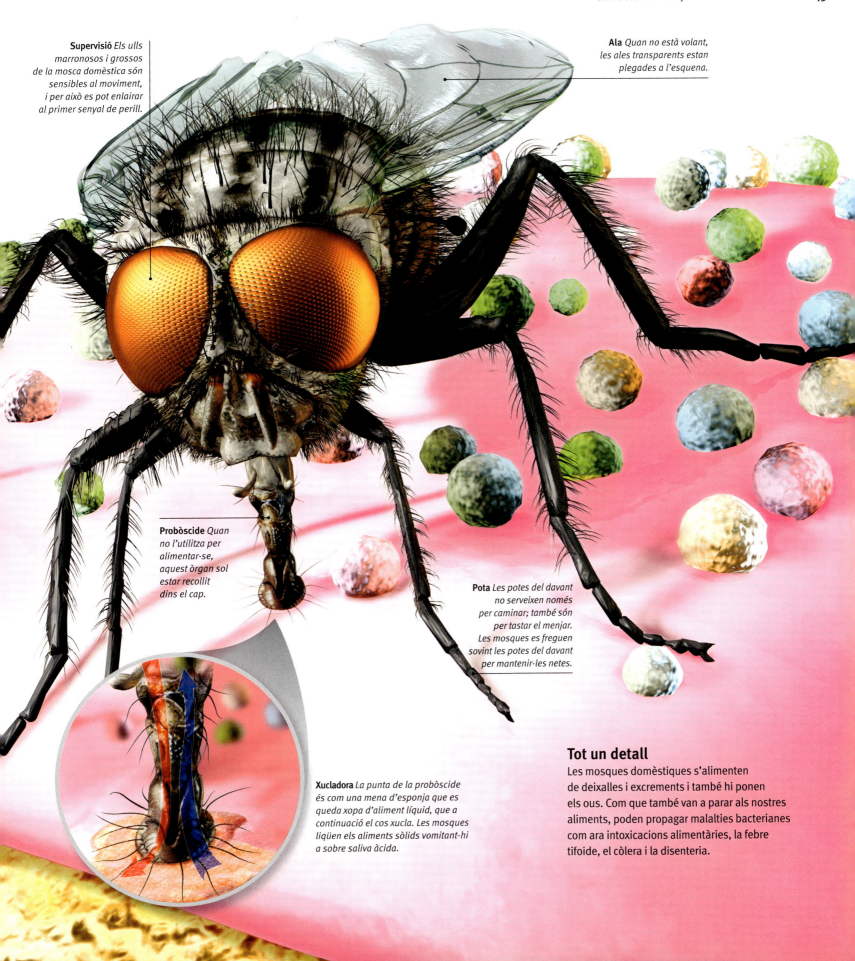

Constructors de torres: els tèrmits

Com les formigues i les abelles, els tèrmits són insectes socials, és a dir, formen colònies on hi pot haver des d'uns quants centenars fins a milions d'insectes. Els membres d'una colònia duen a terme tasques diferents, i cada grup forma una casta. Els tèrmits mengen una gran varietat de vegetals morts, des de fulles, branquillons i herba fins als troncs gegants dels arbres caiguts. Moltes espècies són considerades plagues perquè es mengen la fusta de les cases. Els tèrmits són un dels recicladors més eficients de cel·lulosa, el principal component de les fibres dures dels vegetals. Els tèrmits també es coneixen com a «formigues blanques», perquè s'hi assemblen en aparença i hàbits. En realitat, estan més a prop de les cuques i els pregadéus.

TÈRMITS: DADES

HÀBITAT: Boscos, prats i habitatges humans
DIETA: Matèria morta vegetal, fongs
MIDA: De 3 mm a 25 mm
ESPÈCIE IL·LUSTRADA: *Macrotermes michaelseni* (Àfrica)

Conductes de ventilació
L'aire calent puja per la xemeneia central i surt enfora per l'acció de l'aire, que baixa pels conductes laterals en la direcció del vent.

Això és la guerra! Els soldats estan adaptats per defensar el niu d'invasors, com les formigues. En algunes espècies, els soldats tenen uns caps molt grossos armats de poderoses mandíbules. D'altres tenen una trompa que llança un fluid enganxós contra els intrusos.

LA TORRE RESPIRA

El niu utilitza l'energia del vent per respirar. La forma del niu està pensada perquè la pressió exercida sobre la superfície porosa no sigui igual en tots els costats. L'aire viciat surt enfora pel cantó contrari d'on bufa el vent. L'aire fresc entra pel cantó per on bufa el vent.

Llegenda: Aire fresc / Aire viciat

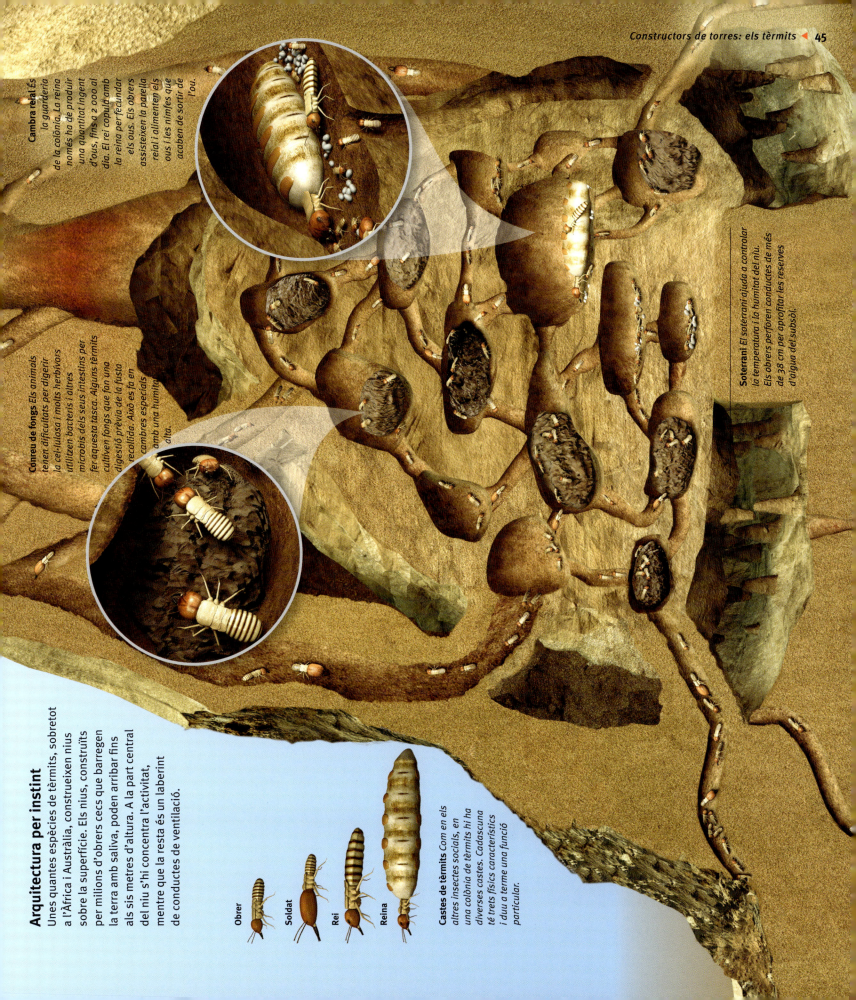

46 ▶ En detall *Insectes increïbles*

4 Surt l'adult *L'escarabat adult menja i menja fins que surt i arriba a la superfície.*

5 El cicle continua *L'adult se'n va volant a buscar parella i més fems per alimentar-se.*

3 Fase de pupa *Quan la larva ha crescut del tot, deixa d'alimentar-se i es transforma en una pupa, encara dins la protecció de la bola de fems.*

2 Hora de menjar *La larva tova surt de l'ou i creix alimentant-se dels fems que hi ha dins la bola.*

La cria de l'escarabat piloter

Els escarabats piloters presenten dos comportaments principals a l'hora de criar. La majoria d'espècies excaven túnels i fan el niu just a sota d'un excrement. Els més coneguts són els piloters, que formen boles a partir dels excrements. Un cop feta la bola, la femella i el mascle la fan rodar en línia recta i superen qualsevol obstacle que es troben fins que arriben a un tros de terreny tou per enterrar-la.

ESCARABAT PILOTER: DADES

HÀBITAT: El sòl de tots els hàbitats terrestres
DIETA: Excrements d'herbívors
MIDA: De 2 mm a 60 mm de llargada
ESPÈCIE IL·LUSTRADA: *Gymnopleurus virens* (Àfrica)

La vida dóna voltes: l'escarabat piloter

Els escarabats piloters s'alimenten gairebé exclusivament d'excrements. Aquesta espècie fa un gran servei al medi ambient, perquè escampen ràpidament els excrements pel subsòl, del qual són un bon fertilitzant. Els escarabats piloters ajuden a controlar les plagues d'insectes molestos i que porten malalties, com ara les mosques, que també s'alimenten de fems. Pertanyen a la gran família dels escarabats, de l'ordre dels coleòpters. La majoria d'espècies són de l'Àfrica, on hi ha molts mamífers herbívors grans, com els elefants, els búfals i les girafes. Aquests animals produeixen grans quantitats d'excrements, i per això els escarabats sempre poden gaudir d'un bon àpat. Els escarabats adults tenen parts toves a la boca i només ingereixen la part líquida de l'excrement, ja que la part fibrosa la guarden perquè se la mengi la larva.

1 Que rodi la pilota *Acostuma a ser el mascle el que proporciona la força per fer rodar la gran bola de fems; la femella s'hi sol situar a sobre i es deixa portar. Els mascles també han de lluitar contra altres mascles que miren de robar-li la bola. La tasca de la femella és dipositar un ou a l'interior de la bola un cop ja és dins el cau.*

Escarabat de l'antic Egipte
Els escarabats piloters eren sagrats per als antics egipcis. Simbolitzaven el déu Khepri, del qual es creia que cada dia feia rodar el Sol pel cel de la mateixa manera que l'escarabat piloter fa voltar la seva bola.

En detall *Insectes increïbles*

VESPA FALCÓ: DADES
HÀBITAT: **Des de selves fins a deserts**
DIETA: **Nèctar i fruits (adults); aranyes grosses (larves)**
MIDA: **De 14 mm a 50 mm de llargada**
ESPÈCIE IL·LUSTRADA: *Pepsis formosa* (sud-oest dels Estats Units)

INSECTES

La vespa
falcó

La femella de vespa falcó és el pitjor malson de les taràntules. La vespa, però, no se les vol menjar, ni tan sols matar-les: té pensada una cosa molt pitjor. Aquesta vespa utilitza el cos viu però paralitzat de l'aranya per incubar i alimentar les cries. Els mascles també són agressius, però només amb altres mascles: vigilen un territori i el defensen davant dels altres. El fibló d'aquestes vespes fortes i grosses és dels més dolorosos de tots els insectes. El seu cos blau fosc, moltes vegades contrastat per unes ales taronjoses, són un avís de perill. Malgrat la seva naturalesa agressiva, les vespes adultes són vegetarianes i s'alimenten de nèctar i fruites.

ARANYES

① **Comença la batalla** *Una femella de vespa falcó utilitza el seu sentit de l'olfacte per caçar aranyes. Quan descobreix un cau, entabana l'aranya perquè en surti o hi entra per expulsar-la. Sovint l'única defensa de la desconcertada aranya és aixecar-se sobre les potes del darrere en postura amenaçadora.*

Matagegants

La vespa falcó només fa la meitat que la seva presa, però són àgils i fortes. Un cop detectada, la taràntula no té pràcticament cap possibilitat d'escapar.

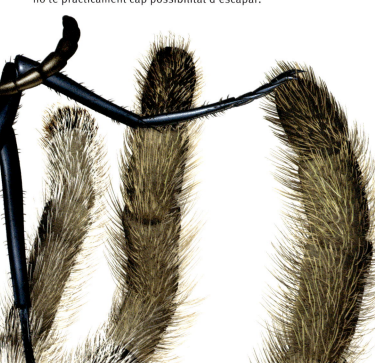

5 Pupa *Quan ja se n'ha afartat, la larva es transforma en pupa. Al final, una vespa, i no una aranya, surt del cau de la taràntula.*

4 Larva *Al cap d'uns dies, la larva surt de l'ou, perfora la pell de l'aranya i comença a xuclar els seus fluids corporals. La larva, ja gairebé crescuda del tot, s'acaba ficant dins del cos de l'aranya i en devora la resta d'òrgans vitals. L'aranya ja és morta.*

3 Ou *L'aranya paralitzada, però encara viva, és arrossegada fins al seu cau o a un nou forat excavat. La vespa diposita un sol ou al cos de l'aranya i tanca el cau.*

2 El fibló de la cua *La vespa s'ajuda de la seva força per agafar l'aranya per una pota i posar-la panxa enlaire. També la pot atacar pel costat. La vespa injecta el verí en una part tova del cos que paralitza l'aranya en qüestió de segons.*

En detall *Insectes increïbles*

LLAGOSTES: DADES
HÀBITAT: Zones seques i càlides
DIETA: Matèria vegetal, sobretot herbes
MIDA: De 10 mm a 100 mm de llarg
ESPÈCIE IL·LUSTRADA: *Schistocerca gregaria* (Àfrica, Orient Mitjà i Àsia)

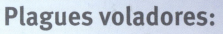

Plagues voladores:
les llagostes

Llagosta és el nom que reben diverses espècies de saltamartins que, en condicions favorables, formen eixams que es mengen tota la vegetació que troben pel camí. Sens dubte, la gran quantitat de cultius creats per l'home ha contribuït a augmentar les plagues de llagostes. Amb tot, el comportament en forma de plaga ja formava part de l'estratègia de supervivència de les llagostes molt abans que aparegués l'agricultura. Les llagostes causen estralls a l'Àfrica, l'Orient Mitjà, l'Àsia central i Austràlia. A l'Amèrica del Nord, la llagosta de les muntanyes Rocalloses va causar una de les plagues més destructives que es recorden. Encara que sembli mentida, des de 1902 no s'ha tornat a veure aquesta espècie. A l'Amèrica del Nord i del Sud encara hi ha unes quantes espècies de llagosta relativament poc destructives que segurament provenen de la llagosta del desert de l'Àfrica.

La vuitena plaga d'Egipte
Antigament, les plagues de llagostes es consideraven un càstig diví. En aquest gravat alemany del segle XV podem veure com Déu envia una plaga de llagostes com a càstig al faraó egipci per no alliberar els esclaus israelites.

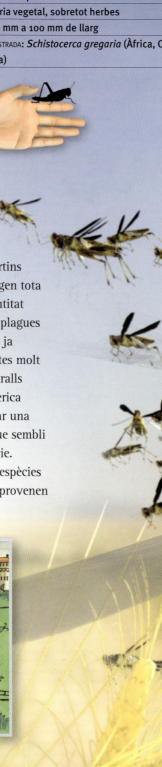

Plagues enemigues

Les llagostes del desert sovint formen plagues al nord i l'oest de l'Àfrica que poden devastar alguns dels països més pobres del món. Entre el 2003 i el 2005, les contínues plagues (algunes feien fins a 70 km de llarg i contenien milers de milions d'insectes) van provocar la destrucció massiva dels cultius.

CANVI D'IMATGE

Quan no formen part d'un eixam, les llagostes prefereixen anar pel seu compte. Però quan hi ha unes condiciones favorables i la població creix molt, experimenten una transformació sorprenent en què canvien tant d'aspecte com de comportament. Aquests canvis s'inicien amb el contacte que es produeix quan els individus s'empenyen i topen els uns amb els altres.

Forma solitària

Forma gregària

L'aranya de trapa

ARANYA DE TRAPA: DADES
HÀBITAT: **Caus sota terra**
DIETA: **Insectes i altres invertebrats, llangardaixos petits**
MIDA: **35 mm de llarg les femelles i 25 mm els mascles**
ESPÈCIE IL·LUSTRADA: *Myrmekiaphila fluviatilis* (sud-est dels Estats Units)

Les aranyes de trapa construeixen les millors trampes de tot el regne natural. La trampa està tan ben dissenyada, que qualsevol presa que s'hi passegi a prop té molt poques possibilitats d'escapar-se: quan la trapa s'aixeca l'aranya enxampa la seva víctima per sorpresa i se li llança al damunt. Les aranyes de trapa viuen en caus, que excaven amb els ullals. Després els folren de seda per reforçar les parets i aconseguir un ambient interior estable. Les femelles poden arribar a viure fins a vint anys al mateix cau. Tarden uns quants anys abans d'arribar a l'edat adulta. Els mascles són més petits que les femelles; quan arriben a la maduresa abandonen els caus i surten a buscar femelles per aparellar-s'hi. Després, moren al cap de poc temps.

Construcció de la trapa El disseny de les portes dels caus varia des d'una senzilla coberta de seda fins a les estructures més sofisticades fetes d'argila reforçada amb seda i proveïdes d'una frontissa de seda. La part superior de la porta acostuma a estar camuflada. Algunes espècies col·loquen fils de seda a l'entrada del cau, en forma radial. N'hi ha d'altres que s'espavilen sense cap mena de porta.

Ja et tinc! El factor sorpresa està de part seva. En un tancar i obrir d'ulls, la trapa s'aixeca i l'aranya s'abalança sobre la seva víctima desprevinguda, la mata ràpidament i se l'enduu dins el cau.

AMAGATALL

Les aranyes de trapa són l'objectiu de molts enemics naturals, com ara alguns centpeus depredadors o les vespes parasitàries. Per fer-hi front, moltes espècies d'aranyes de trapa tenen un pla de fuga, com ara falsos cul-de-sacs dins el cau, sortides d'emergència i cavitats laterals que poden quedar tancades amb una trapa interior.

L'aranya de trapa · 53

Corrents cap amunt Aquesta aranya de trapa ha notat la presència d'un intrús. Les vibracions que percep li indiquen que té la mida ideal per a un bon tiberi.

Tota una vida sota terra

L'univers de l'aranya de trapa femella és molt reduït. Des del moment en què comença a construir el seu cau, només abandona breument les parets de seda del seu món subterrani per caçar alguna presa o per aparellar-se. Tot el que sap del món exterior es limita a les vibracions que emeten els animals quan passen a prop de la porta de casa seva. Amb aquests senyals, sap perfectament si es tracta d'una possible presa, d'un pretendent o d'un depredador.

Menú infantil Una aranya de trapa femella pon els ous dins el cau, en un sac de seda. Les cries d'aranya acabades de sortir dels ous romanen al cau durant molts mesos, cruspint-se tot allò que la mare els porta.

Un swing impecable: l'aranya magnífica australiana ◂ 55

Un swing impecable:
l'aranya magnífica australiana

La presa de l'aranya magnífica australiana és una arma i l'arma letal que fa servir és una bola enganxosa de seda lligada a un fil. Aquestes aranyes cacen de nit: es col·loquen penjant d'un fil cap per avall i balancegen pacientment la seva trampa adhesiva com si es preparessin per jugar a golf. Quan se'ls apropa una arna, donen un fort impuls a la bola per atrapar l'insecte. La bola està feta d'un teixit de seda fortament comprimit i amalgamat amb una goma enganxosa, envoltada al seu torn d'una mena de cola més líquida. Aquesta capa exterior penetra entre les escames de les ales i el cos de l'arna i fa que quedi enganxada a la bola. Per capturar més fàcilment les preses, aquestes aranyes deixen anar una substància química que imita l'olor que desprenen les arnes femella per atraure els mascles.

Diana!

L'espectacular aranya femella de l'espècie *Ordgarius magníficus* va ser batejada encertadament amb aquest nom pels colors llampants del seu abdomen. De dia s'amaga entre manyocs de fulles i seda, i de nit atrau les arnes mascle cap al seu pèndol mortal. Les aranyes del continent americà fan servir les potes del davant per impulsar la bola, mentre que les australianes, com la que apareix a il·lustració, fan servir el segon parell de potes.

ARANYA MAGNÍFICA AUSTRALIANA: DADES

HÀBITAT: Arbres i arbusts alts
DIETA: Arnes
MIDA: 15 mm de llarg (femelles); 2 mm de llarg (mascles)
ESPÈCIE IL·LUSTRADA: *Ordgarius magníficus* (est d'Austràlia)

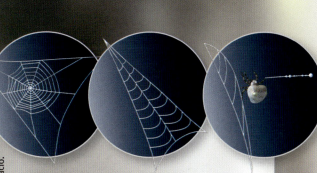

Evolució de les teranyines

L'aranya magnífica australiana forma part de la família de les aranyes teixidores. Amb el temps, aquestes aranyes han anat simplificant la clàssica teranyina rodona amb fils radials de les teixidores fins a quedar-se amb un sol fil enganxós. A través de les teranyines que construeixen altres aranyes teixidores podem veure les diferents fases d'aquesta simplificació.

Fase 1 La teranyina típica de les teixidores és simètrica i està emmarcada per uns fils exteriors que la subjecten.

Fase 2 L'arquitecte d'aquesta teranyina en té prou amb una de triangular, que requereix menys energia.

Fase 3 Aquesta tela d'aranya és com una escala amb travessers de seda enganxosa suspesos a l'aire.

Fase 4 L'aranya magnífica australiana s'agafa fort dels fils exteriors que abans formaven el marc de la teranyina radial i fa pendolar un únic fil de seda per atrapar la seva presa.

INSECTES

L'aràcnid aquàtic

El nom científic de l'aranya aquàtica és *Argyroneta aquatica*. Argyroneta vol dir «xarxa platejada», que és el que veuràs si descobreixes la cambra d'una aranya d'aigua sota la superfície d'un estany.

ARANYA AQUÀTICA: DADES

HÀBITAT: Estanys, sèquies, rierols d'aigües tranquil·les, llacs poc profunds
DIETA: Insectes aquàtics, capgrossos i peixos petits
MIDA: 13 mm de llarg
ESPÈCIE IL·LUSTRADA: *Argyroneta aquatica*

L'aranya aquàtica

Hi ha moltes aranyes que viuen a prop de l'aigua. Algunes fins i tot poden caminar sobre la superfície, però només hi ha una espècie que passi tota la vida dins l'aigua. L'aranya aquàtica viu dins d'una mena de cambra o campana plena d'aire, sota la superfície de llacs i estanys poc profunds. Per construir la seva campana, el primer que fa l'aranya és subjectar un retall de seda semiesfèric a les tiges de les plantes aquàtiques. Després hi posa bombolles d'aire que transporta des de la superfície. Al contrari del que passa amb la majoria d'aranyes, el mascle d'aquesta espècie és més gros que la femella. El mascle construeix la seva campana al costat de la de la femella i uneix els dos receptacles amb un túnel. Després d'aparellar-se, la femella pon uns 50 ous en un sac de seda i els guarda al sostre de la seva campana.

Una alenada d'aire Perquè la campana sempre tingui prou aire, les aranyes aquàtiques neden fins a la superfície i retenen bombolles d'aire entre els pèls que els recobreixen les potes del darrere i l'abdomen. Quan tornen a ser dins la campana, deixen anar les bombolles.

Caça submarina Les aranyes aquàtiques s'alimenten de qualsevol insecte aquàtic, crustaci, capgròs o peixet que s'apropi a la seva campana. De tant en tant també surten de caça, i aleshores respiren a través d'una fina membrana d'aire que tenen al voltant de l'abdomen. Sempre es cruspeixen les preses un cop tornen a la cambra. Al seu torn, les aranyes aquàtiques també són l'objectiu de peixos, granotes i rèptils aquàtics.

INSECTES › **ARANYES**

En detall *Aranyes espectaculars*

ARANYA SALTADORA: DADES
HÀBITAT: **Totes les zones de la terra tret de les regions polars**
DIETA: **Insectes i aranyes**
MIDA: **De 2 a 22 mm de llarg**
ESPÈCIE IL·LUSTRADA: *Evarcha culicivora* (est de l'Àfrica)

La saltimbanqui de vuit potes: l'aranya saltadora

Les aranyes saltadores són, amb molta diferència, el grup més nombrós d'aranyes. En comptes de fer servir una teranyina per atrapar les preses, vigilen les seves víctimes i, quan se'ls apropen prou, els salten al damunt com si fossin un gat. Poden fer molta força amb les potes del darrere: són capaces de saltar distàncies equivalents a cinquanta cops la llargada del seu cos. Les aranyes saltadores són unes criatures molt curioses que exploren l'entorn i adapten l'estratègia de caça a les circumstàncies. Al contrari del que fan la majoria d'aranyes, aquestes cacen de dia. Com totes, fan servir un fil de seda per subjectar-se a terra quan salten desnivells, persegueixen una víctima o fugen del perill. Les aranyes saltadores tenen una vista molt bona. Els mascles de moltes espècies tenen el cos de colors molt vius, que serveixen per exhibir-se davant les femelles durant les complicades danses de festeig.

No se'ls escapa res
Els ulls centrals donen la mateixa visió nítida que un teleobjectiu (vermell); el parell d'ulls semilaterals ofereixen una visió binocular que permet calcular distàncies (taronja), i els ulls laterals aporten una visió angular per detectar el moviment (groc).

Aranya vampir
Hi ha almenys una espècie d'aranya que té debilitat per la sang dels humans. Originària de les vores del llac Victòria, a l'Àfrica, l'aranya saltadora *Evarcha culicivora* fa servir la seva bona vista per seleccionar els mosquits que acaben de picar algú. S'apropa a la seva víctima per darrere, sense fer soroll, i li salta sobre l'esquena. El mosquit queda paralitzat i l'aranya li xucla tota la sang líquida del cos.

Visió circular Les aranyes saltadores són les que hi veuen millor de tots els invertebrats. La vista els permet identificar les preses, vigilar-les i calcular la trajectòria exacta que seguiran quan els saltin al damunt. Les aranyes saltadores tenen ulls a la part frontal i lateral del cap. Els ulls frontals són els més grossos i poden fer un zoom sobre determinats objectes tal com fan els teleobjectius de les càmeres. Aquests ulls també capten els colors.

Famílies
d'insectes i d'aranyes

Artròpodes

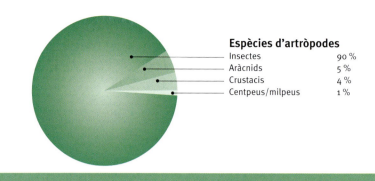

Espècies d'artròpodes
- Insectes — 90 %
- Aràcnids — 5 %
- Crustacis — 4 %
- Centpeus/milpeus — 1 %

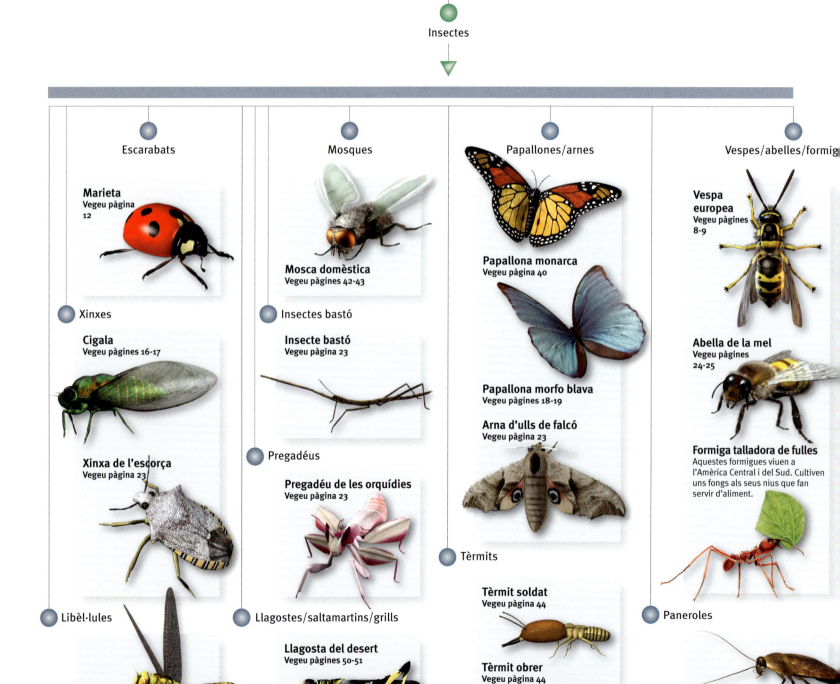

Insectes

Escarabats

Marieta Vegeu pàgina 12

Xinxes

Cigala Vegeu pàgines 16-17

Xinxa de l'escorça Vegeu pàgina 23

Libèl·lules

Libèl·lula Vegeu pàgina 20

Mosques

Mosca domèstica Vegeu pàgines 42-43

Insectes bastó

Insecte bastó Vegeu pàgina 23

Pregadéus

Pregadéu de les orquídies Vegeu pàgina 23

Llagostes/saltamartins/grills

Llagosta del desert Vegeu pàgines 50-51

Papallones/arnes

Papallona monarca Vegeu pàgina 40

Papallona morfo blava Vegeu pàgines 18-19

Arna d'ulls de falcó Vegeu pàgina 23

Tèrmits

Tèrmit soldat Vegeu pàgina 44

Tèrmit obrer Vegeu pàgina 44

Vespes/abelles/formigues

Vespa europea Vegeu pàgines 8-9

Abella de la mel Vegeu pàgines 24-25

Formiga talladora de fulles Aquestes formigues viuen a l'Amèrica Central i del Sud. Cultiven uns fongs als seus nius que fan servir d'aliment.

Paneroles

Panerola Vegeu pàgina 14

Famílies d'insectes i d'aranyes ◀ 61

Categories d'artròpodes

Les espècies es classifiquen en grups en funció del grau de similitud entre les unes i les altres. És possible identificar els membres d'un mateix grup perquè comparteixen un seguit de característiques corporals. Aquest és el mètode que segueixen els científics per organitzar la informació sobre la diversitat de la vida.

Espècies d'insectes
- Escarabats — 38 %
- Papallones/arnes — 16 %
- Vespes/abelles/formigues — 14 %
- Mosques — 13 %
- Xinxes — 10 %
- Altres insectes — 7 %
- Llagostes/saltamartins/grills — 2 %

- Crustacis
- Aràcnids
  - Paparres/àcars
  - Segadors
  - Aranyes
    - Aranyes saltadores
      - **Aranya saltadora** — Vegeu pàgines 58-59
      - Caçadores
      - **Aranya de les dunes** — Vegeu pàgines 34-35
    - Teixidores
      - **Aranya del pèndol** — Vegeu pàgines 54-55
      - **Aranya teixidora** — Vegeu pàgines 30, 31 i 35
    - Aranyes llop
      - **Aranya raiera** — Vegeu pàgina 32
      - **Aranya llop** — Vegeu pàgina 35
    - Aranyes cranc
      - **Aranya cranc** — Vegeu pàgina 33
      - Aranyes aquàtiques
      - **Aranya aquàtica** — Vegeu pàgines 56-57
    - Migalomorfs
      - **Aranya ratolí** — Vegeu pàgines 28-29
      - **Taràntula** — Vegeu pàgina 48
  - Escorpins
  - Falsos escorpins
- Centpeus/milpeus

Glossari

abdomen Secció posterior del cos d'un insecte o d'una aranya. Conté els òrgans dels aparells digestiu, respiratori, circulatori i reproductor.

adaptació Canvis que duu a terme una espècie al llarg de milers o milions d'anys per sobreviure en un entorn concret. Les aranyes cranc han desenvolupat la capacitat de canviar de color per tal de confondre's amb la flor on es troben i, d'aquesta manera, camuflar-se per sorprendre les seves preses.

antena Òrgan sensorial delicat situat al cap d'un insecte, que fa servir per ensumar, tocar i sentir-hi. Els insectes tenen dues antenes, que poden ser llargues o curtes, fines, ramificades i plomoses.

aràcnid Artròpode de vuit potes. Les aranyes i els animals que hi estan relacionats, entre els quals hi ha els escorpins, els segadors, les paparres i els àcars, són aràcnids.

artròpode Animal amb potes articulades i el cos dividit en diversos segments, cobert per un exosquelet. Els artròpodes són un grup d'animals extremament ampli i variat que inclou els insectes, les aranyes, els centpeus, els milpeus, els crancs i les llagostes.

balancins Estructures per parells que presenten les mosques i que són una alteració de les ales del darrere. Els serveixen per mantenir l'equilibri durant el vol.

camuflatge Colors o textures que adopta un animal per disfressar-se, mesclar-se i confondre's amb l'entorn. Els insectes i les aranyes es camuflen fent-se passar per fulles, trossos d'escorça o flors, i, d'aquesta manera, eviten que els vegin tant els depredadors com les seves preses.

canilla Les boques que hi ha a les puntes de les fileres. Quan la seda surt per les canilles, les fileres la converteixen en fils.

capoll Funda protectora feta normalment de seda. Molts insectes fabriquen capolls per mantenir-se protegits durant tota la fase de pupa. Les aranyes també ponen els ous en un capoll anomenat sac de seda.

carnívor Animal que s'alimenta d'altres animals vius.

carronyaire Animal que s'alimenta de matèria orgànica en descomposició, com ara restes de menjar, cadàvers, fems i pell morta.

casta Grup d'individus pertanyents a una colònia que duen a terme unes tasques determinades. Els tèrmits, les vespes, les abelles i les formigues són insectes socials que viuen en colònies. Les castes inclouen els encarregats de la reproducció –la reina i els reis–, els obrers estèrils i els soldats.

cefalotòrax Cap i tòrax d'una aranya combinats en un sol segment corporal, del qual surten els apèndix bucals, els palps i les vuit potes. També conté el cervell, les glàndules del verí i l'estómac succionador.

colònia Grup d'animals de la mateixa espècie que viuen i treballen junts per sobreviure. Els habitants d'un formiguer, un termiter o una bresca són exemples d'una colònia d'insectes.

cuc Larva sense potes d'algunes mosques.

cuc blanc Larva d'una formiga, abella, vespa o escarabat. Normalment no tenen cames. Els cucs blancs que tenen cames es poden assemblar una mica a les erugues.

depredador Animal que s'alimenta d'altres animals.

eixam Grup d'insectes com els que formen les abelles o les llagostes, que es reuneixen i es mouen junts per menjar, aparellar-se o buscar nous llocs on niar.

eruga Larva d'una arna o d'una papallona.

espècie Grup de plantes o animals que tenen nombrosos trets comuns i que acostumen a reproduir-se només entre si.

estigmes Orificis per respirar situats als laterals de l'insecte a través dels quals s'absorbeix oxigen i s'expel·leix diòxid de carboni. Els insectes tenen entre dos i onze parells d'estigmes. Les aranyes també acostumen a tenir-ne un o dos.

evolució Canvi gradual que es produeix en els organismes al llarg de milers o milions d'anys, gràcies al qual s'adapten als canvis i a les condicions de l'entorn.

exosquelet Esquelet dur exterior d'un artròpode. És com una closca articulada i resistent feta de quitina que serveix de suport per als músculs i protegeix els òrgans interns.

fil de seguretat Fil de seda que va deixant darrere seu una aranya en desplaçar-se. Serveix de sistema de seguretat per si l'aranya ha de saltar un desnivell o per si cau de la teranyina. També el fa servir per trobar el camí de tornada cap a casa.

fileres Grups d'apèndixs (entre dos i sis) situats a l'extrem de l'abdomen d'una aranya. Les aranyes fabriquen diversos tipus de seda, que surt a l'exterior a través de les fileres.

glàndula Òrgan que produeix una secreció, com ara el verí o la seda.

globus Mètode emprat per les cries d'aranya i les aranyes adultes de mida més petita per recórrer llargues distàncies: es deixen endur pel vent penjades d'un bri de seda.

hibernació Pràctica consistent a romandre inactiu durant els mesos freds de l'hivern. Igual que els óssos, molts insectes hivernen en forma d'ous, larves, pupes o adults.

insectes socials Són els que viuen en una colònia amb altres insectes de la mateixa espècie. Tots col·laboren per cuidar les cries, mantenir el niu en bon estat i buscar aliment. Les formigues, els tèrmits i algunes abelles i vespes són insectes socials.

invertebrat Animal que no té columna vertebral. Alguns invertebrats, com ara els cucs i les meduses, tenen el cos tou, però d'altres, com els artròpodes, estan protegits per un exosquelet dur.

larva Fase immadura dels insectes en què el seu aspecte és molt diferent del dels seus progenitors. Després experimenten una metamorfosi completa i es converteixen en adults. Les erugues, els cucs i els cucs blancs són larves.

mandíbula Maxil·lars d'un insecte.

metamorfosi Procés que consisteix en un canvi de forma durant el desenvolupament. Els insectes passen de joves a adults mitjançant una metamorfosi incompleta o bé completa.

metamorfosi completa Una de les dues maneres que té un insecte de desenvolupar-se i convertir-se en adult. Primer és una larva, després es converteix en pupa i madura fins que es fa adult. La larva té un aspecte molt diferent del de l'adult i durant l'etapa de pupa canvia de forma radical abans de sortir a l'exterior com a insecte plenament format.

metamorfosi incompleta Una de les dues formes principals en què es desenvolupa un insecte. En les fases infantils els insectes solen ser nimfes i s'assemblen força als adults. El canvi metamòrfic a adult acostuma a comportar el creixement de les ales i la maduresa sexual.

migració Comportament que consisteix a viatjar en grup d'una regió a una altra, en una època concreta de l'any, ja sigui per criar o per trobar menjar. Algunes papallones viatgen milers de quilòmetres, mentre que alguns escarabats i col·lèmbols tan sols migren uns centímetres per evitar el fred del terra.

mimetisme Recurs adaptatiu que fa servir un animal per imitar-ne un altre. Els insectes i les aranyes poden desorientar els agressors i evitar que se'ls cruspeixin fent-se passar per perillosos o verinosos quan, en realitat, no ho són.

muda Procés consistent a canviar la capa més externa de la pell del cos. Els insectes i les aranyes muden l'exosquelet vell per créixer.

nimfa Fase immadura dels insectes en què no són gaire diferents dels adults. Després d'unes quantes mudes, experimenten una metamorfosi incompleta sense passar per l'estat de pupa.

nom científic Nom donat pels científics a una espècie determinada. Cada espècie té dos noms; la inicial del primer s'escriu sempre amb majúscula i tots dos van en cursiva.

ocels Ulls molt petits i sensibles a la llum. Molts insectes tenen tres ocels a la part superior del cap que els ajuden a mantenir l'equilibri en el vol o que els indiquen quan es fa fosc.

ordre Ampli grup de plantes o animals relacionats entre si. Els insectes es divideixen en uns trenta ordres diferents, cadascun dels quals amb uns trets característics comuns a la resta. Totes les aranyes pertanyen a un mateix ordre dins dels aràcnids. Un ordre es divideix en subordres, com ara les famílies, els gèneres i les espècies.

organisme Tota criatura viva, ja sigui animal, vegetal, fong o microbi.

ovopositor Tub situat a l'extrem de l'abdomen de les femelles d'insectes destinat a pondre els ous. El d'una abella o una vespa ha evolucionat i s'ha acabat convertint en el seu fibló.

paràsit Organisme que viu o s'alimenta a costa d'un altre, anomenat hoste. Tot i que no arriba a matar l'hoste, el paràsit sempre causa alguna mena de dany.

pedipalp Òrgan sensorial de les aranyes. Una aranya té dos pedipalps a la part frontal del cefalotòrax que fa servir d'òrgans sensorials per tocar, tastar i ensumar. El mascle també fa servir uns pedipalps adaptats per passar l'esperma a la femella durant la còpula.

presa Animal de què s'alimenta un carnívor.

probòscide Apèndix bucal que fan servir molts insectes per absorbir aliment líquid.

pupa Fase del desenvolupament d'un insecte durant la metamorfosi abans de convertir-se en adult. A l'interior de la pupa, el cos de l'insecte canvia de manera dràstica i adquireix totes les característiques de l'adult.

quitina Material lleuger però resistent compost per l'exosquelet i les ales d'un insecte.

sac de seda Tela de seda que teixeixen les aranyes femella per embolicar els ous, protegir-los i evitar que s'assequin.

timpans Membranes que fan la funció d'orelles en els grills, els saltamartins i les cigales. Els timpans vibren quan reben els sons i aquesta informació arriba al cervell a través del sistema nerviós; així és com els insectes hi senten.

tòrax Secció central del cos d'un insecte. Conté els músculs que controlen les ales i les potes de l'insecte.

tràquea Tub respiratori. Els éssers humans i altres vertebrats només tenen una tràquea, que arriba fins als pulmons. Els insectes i algunes aranyes tenen una xarxa complexa de tràquees que fan arribar oxigen a totes les parts del cos.

ull compost Parell d'ulls principals d'un insecte, format per molts ulls de mida més petita. Els ulls compostos poden distingir les formes i els colors i són molt sensibles al moviment.

verí Agent químic injectat en altres animals per matar-los o paralitzar-los, o també per evitar-ne l'atac.

vertebrat Animal que té columna vertebral, com ara els peixos, els rèptils, els ocells i els mamífers.

Índex

A
abdomen, insecte, 9
abelles, 24-5, 26
    dansa, 24
    exploradora, 24
    fiblons, 26
    reina, 25
    visió, 10
abellots, 25
aigua, insectes d', 20-1
ales, 9, 13
alimentació, 14-15
antenes, 8, 10
    escarabat, 10, 11
apamadora, 12
aparell
    digestiu, insecte, 9
    reproductor, insecte, 9
    respiratori, insecte, 9
aràcnids, 38-9
    famílies, 60-1
aranyes, 28-9
    abdomen, 29
    aquàtica, 56-7
    caça, 32-3
    caçadores, 32-3
    camuflatge, 34
    cara d'ogre, 32
    cervell, 28
    cicle vital, 36-7
    construcció de teles, 31
    cor, 28
    cos, 28
    cranc, 32, 33, 34
    cries, 36
    de les dunes, 35
    del gènere *Celaenia*, 34
    del gènere *Dolophones*, 34
    del gènere *Pisaurina*, 37
    de trapa, 52-3
    de vellut, 36
    defensa, 34-5
    estómac succionador, 28
    famílies, 60-1
    festeig, 37
    fil·lotràquees, 28, 29
    fileres, 28, 30
    fils de seguretat, 35
    glàndula del verí, 28
    glàndula sericígena, 28
    globus, 36
    intestí mitjà, 28
    les més grosses, 33
    llop, 36
    magnífica australiana, 54-5
    menjadora de cotxinilles, 32
    ous, 36
    pedipalp, 29
    pinces, 29
    potes, 29, 30
    que imiten vespes, 34
    quelícers, 28-29
    raiera, 32
    saltadora, 58-9
    salts, 58-9
    teixidores, 30-1, 37, 55
    teranyines, 30-1
    trapa, 52-3
    ulls, 28, 29
arna d'ulls de falcó, 23
artròpodes, 8, 28, 60-1

B
barqueta de mosquit, 17

C
caminar, insecte, 13
camuflatge, 22, 33, 34
    i mimetisme, 22-3
carnívors, 14
caus
    aranyes de trapa, 52-3
cicle vital, insecte, 16-17
cigales, 16-17
    adultes, 17
    vida subterrània, 17
    nimfes, 17
colònies d'insectes, 24-5
    castes, 24
crisàlides, 18
crisopes, 15
    ous a les tiges, 17
cuc
    llaurador, 12
    de seda, 26

D
defensa
    aranyes, 34-5
dípters, 42

E
erugues, 15, 18
escanyapolls, 18
escarabat, 10, 11, 12-3, 23
    adults, 46-7
    aquàtics, 21
    bola, 47
    bombarder, 22-3
    cicle, 46
    d'aigua, 12
    de l'antic Egipte, 47
    fase de pupa, 46
    piloters, 46-7
    reproducció, 46
escrivans, 20
esfinx, 15
estel de paper, 18

F
famílies, 60-1
fiblons de les vespes, 26
formigues lleó, 15
fulla de l'Índia, 18

G
glàndula
    del verí, 9
    salivals, insecte, 9

I
insecte
    aquàtics, 20-1
    bastó, 23
insecticides, 42

L
larva, 18
    abelles, 24
libèl·lules
    aparellament, 21
    ous, 21
llagostes, 50-1
    del desert, 51
    formes gregàries, 51
    formes solitàries, 51
    plagues, 50, 51
    vuitena plaga d'Egipte, 50

M
marietes, 12-13, 18
mel, 25
metamorfosi, 17, 18-19
mida, 8
migale, 33
migració, 40, 41
mimetisme, 23
    aranyes que imiten vespes, 34
mobilitat, 12-13
mosques
    adherència, 42
    ales, 43
    domèstica, 10-11, 42-3
    grup d'insectes dípters, 42
    ous, 42
    potes, 43
    probòscide, 43
    visió, 43
    xucladors, 43
mosquits, 20, 26, 58
    antenes, 10
    larves, 20
    paràsit de la malària, 27
    probòscide, 26
    pupes, 20
    risc de malalties, 26
músculs associats al vol, 13

N
nius, 24
    d'aranya, 24
    de la vespa xana, 24

O
olfacte, 10
ous, 17, 18
    abelles, 17, 24
    aranyes, 36, 53
    cigales, 17
    escarabats, 17

P
paneroles, 15
    funda d'ous, 17
papallones, 18-19
    antenes, 10
    aparició, 19
    monarca, 40-1
        asclepiadàcies, 41
        cicle vital, 41
        erugues, 41
        escames de les ales, 40
        menjar, 41
        migració, 40, 41
        ous, 41
        ulls compostos, 40
    morfo blava, 19
paràsits, 26-7
    de la malària, 27
pèls, 10-11
    de taràntula, 34
pol·linització, 26
polls
    antenes, 10
pregadéu, 14-15
    de les orquídies, 23
puça, 12
pupes, 18

R
reaccions al·lèrgiques, 26
reproducció 16-17
ruscs, 25

S
sabater, 20
saltamartí
    amb aparença de fulla, 23
    vegeu llagostes
seda, 26, 30, 58
    arma de corda i boles, 54-5
    glàndula, 28
sentits, insecte, 10-11
sistema nerviós, 9
so, 10

T
tàvec, 10-11
teranyina, 30-1
    d'hamaca, 31
    de penjolls, 31
    de triangle, 31
    paquet de menjar, 30
    tipus, 31
tèrmits, 44-5
    cambra reial, 45
    castes, 45
    cel·lulosa, 44, 45
    colònies, 44
    conductes de ventilació, 44
    conreu de fongs, 45
    depredadors, 45
    menjar, 44, 45
    nius, 44-5
    ous, 45
    soldats, 44
    soterrani, 45
    torres que respiren, 44
tòrax, insecte, 8
trampa
    floral, 33
    per caure al cau, 15
tricòpter, 18
    larves, 21

U
ulls, 8, 10
    aranya saltadora, 58-9
    compostos, 8, 10-11
    ocels, 8
    secció transversal, 10

V
vespa
    europea, 8-9
    falcó, 48-9
        agressió, 48
        cicle vital, 49
visió, insecte, 10-11
    aranya saltadora, 58-9
vol, 12-13

X
xinxa, 15
    de l'escorça, 23

Crèdits

L'editor vol donar les gràcies a Puddingburn per l'elaboració de l'índex.

IL·LUSTRACIONS

Coberta Steve Hobbs c; MBA Studios dr; **contracoberta** Leonello Calvetti be, bc; MBA Studios ddr; **llom** MBA Studios

Peter Bull Art Studio 20-1, 22-3; **Leonello Calvetti** 8-9, 24-5, 42-3, 48-9; ***Tina Draempaehl** 26-7c, ddr; **Christer Eriksson** 10-1, 54-5; **MBA Studios** 28-9, 30-1, 32-3, 34-5, 36-7, 50-1, 52-3, 56-7, 58-9; **Steve Hobbs** 12-13, 14-15, 16-17, 26b, 40-1, 44-5, 46-7; **Jurgen Ziewe (The Art Agency)** 18-19

MAPES
Andrew Davies i Map Illustrations

FOTOGRAFIES

c = al centre; dr = a la dreta; b = a baix; ce = al centre a l'esquerra; cdr = al centre a la dreta; be = a baix a l'esquerra; bc = a baix al centre; bce = a baix al centre a l'esquerra; bdr = a baix a la dreta; ddr = a dalt a la dreta

CBT = Corbis; GI = Getty Images; PL = photolibrary.com

11bce; ce PL; **16**bce PL; **26**ddr CBT; **30**cdr PL; **40**bce, ce PL; **47**bdr GI; **50**be PL